Controla
tu
Lengua
en 30 días

Deborah Smith Pegues

PORTAVOZ

La misión de *Editorial Portavoz* consiste en proporcionar productos de calidad —con integridad y excelencia—, desde una perspectiva bíblica y confiable, que animen a las personas a conocer y servir a Jesucristo.

Título del original: *30 Days to Taming Your Tongue,* © 2005 por Deborah Smith Pegues y publicado por Harvest House Publishers, Eugene, Oregon 97402.
www.harvesthousepublishers.com

Edición en castellano: *Controla tu lengua en 30 días,* © 2007 por Deborah Smith Pegues y publicado por Editorial Portavoz, filial de Kregel Publications, Grand Rapids, Michigan 49501. Todos los derechos reservados.

EDITORIAL PORTAVOZ
P.O. Box 2607
Grand Rapids, Michigan 49501 USA

Visítenos en: www.portavoz.com

ISBN 978-0-8254-1601-9

7 8 9 10 edición / año 12 11 10 09

Impreso en los Estados Unidos de América
Printed in the United States of America

Contenido

Reconocimientos

Fue a través de un incidente con mi amiga jueza Mablean Ephriam de *La Corte de Divorcio* en la televisión y su forma madura de manejar uno de mis "desastres con la boca", que decidí entrar a un extenso periodo de abstinencia verbal, o lo que llamé un "ayuno de lengua". Yvonne Gibson Johnson, director de oración en su iglesia en la ciudad de Los Ángeles, California, insistió en que Dios quería que yo lo diera a conocer a otros en forma de un libro las lecciones que aprendí durante ese periodo.

También quiero agradecer a los siguientes amigos por su retroalimentación y apoyo: P. Bunny Wilson, Terri McFaddin, Mozetta Hillard, Michelle McKinney Hammond, Trina Jenkins, Dr. Judith McAllister, Delisa Kelley, Marilyn Beaubien, Nichole Palmer, Harold y Ruth Kelley, Gina Smith y Charletta Benjamin.

Mi esposo, Darnell Pegues, con gentileza sacrifica nuestro tiempo juntos con el objetivo de darme espacio para escribir.

Gracias, mi amor. No hay nadie como tú en toda la tierra.

Prólogo

Los maestros a menudo enseñan lo que ellos mismos necesitan aprender. No soy diferente. Estoy escribiendo este libro ante todo para mí misma. Deseo una lengua íntegra, una que siempre hable lo que es agradable a Dios. He aprendido lo que Santiago, el hermano de Jesús, quería trasmitir cuando dijo: "pero ningún hombre puede domar la lengua" (Stg. 3:8). Ni las resoluciones del Nuevo Año, ni contar hasta diez, ni ningún otro esfuerzo propio prevalecerán en conquistar este miembro rebelde. "Domar" significa traer de un estado de rebeldía a uno de sumisión. Una persona tendría que vivir en un aislamiento total para comenzar a llevar a cabo tal proeza con su lengua. Aún así, su conversación consigo misma es probable que llegara a ser negativa de alguna manera y por consiguiente le arrebataría la victoria total.

La única esperanza para la lengua es el Espíritu de Dios. Ella debe ser refrenada y traída a la sujeción por Él día por día. ¿Cómo podemos comenzar el proceso? Uno de mis mentores espirituales me dio un consejo muy simple para ocuparse de las inclinaciones negativas del hombre natural, o la "carne". Él dijo: "Cualquier cosa que la carne te diga que hagas, haz lo contrario". Bueno, ese es un buen punto de partida.

Mientras usted examinó de forma rápida la lista de usos negativos de la lengua que aparece en el contenido, puede que no haya admitido de manera fácil que es culpable de muchos de ellos. Sin embargo, mientras lee este libro con el deseo de crecer y reconocer su propia manera de proceder que ha estado negando, experimentará la libertad que solo llega con abrazar la verdad. "conoceréis la verdad y la verdad os hará libres" (Jn. 8:32). En este libro lo retaré a unirse a mí a una búsqueda de treinta días para llegar a ser sensible a los usos negativos de la lengua y para "ayunar" o abstenerse de estas violaciones verbales de los principios divinos.

El ayuno, o sea, la abstinencia de comida, es una disciplina espiritual que pocas personas de Dios practican como un principio básico habitual. Después de muchos incidentes en los cuales me di cuenta de que mostré poca o ninguna sabiduría verbal, concluí que una fuerte decisión, solo sustentada por la fuerza de voluntad, no iba a traerme la victoria. Prometí reservar un tiempo para el dominio de la lengua.

Ahora, quiero alertar que este libro no es sobre cómo convertirte en la Pasiva Patricia o en el Tímido

Tomás quienes evitan expresar límites personales, deseos, o disgusto con una situación. He aprendido que la mayoría de los problemas interpersonales no serán resueltos sin ser confrontados. Sin embargo, hay un tiempo y una vía para decir todo. Podemos regocijarnos al saber que ya estamos investidos de poder para usar nuestras lenguas de forma sabia.

> *Jehová el Señor me dio lengua de sabios, para saber hablar palabras al cansado (Is. 50:4).*

Las palabras son el vehículo mediante el cual comunicamos nuestros pensamientos; la lengua es el conductor. De esta manera, nos lleva a nuestro destino. Transitar hacia la madurez espiritual requiere que aprendamos a hablar las palabras correctas, en la época correcta y por la razón correcta.

Cuando el Espíritu Santo nos sensibilice de los usos negativos de la lengua, comenzaremos a resistir la tentación de conducir hasta el camino verbal equivocado. Si usted descubre que está en constante guerra con su lengua, le invito a detener sus expresiones dañinas. Le garantizo que, al final de este ayuno, llegará a estar espiritualmente investido de poder mientras transforma su lengua en un manantial de vida.

La lengua mentirosa

Los labios mentirosos son abominación a Jehová;
pero los que hacen verdad son su contentamiento.

PROVERBIOS 12:22

Todo lo que hacemos y decimos debe estar basado en la verdad; las mentiras crean un fundamento poco firme para cualquier relación. La mentira penetra en cuatro formas primarias: Engaño, verdad a medias, exageraciones y adulación. Veremos la adulación en un capítulo separado.

Engaño

Cuando abrí mi buzón y vi la carta del Servicio de Rentas Internas, mi corazón no latió como lo había hecho en el pasado. ¡Yo acostumbraba a temer aquellas auditorías de mis declaraciones de renta! Habiendo sido una fiel diezmadora desde la edad de dieciocho años, había aprendido a lo largo de los años a mantener un buen registro de mis donaciones caritativas porque estas de forma usual generaban una auditoría. Sin embargo, tuve la tendencia a ser más bien creativa al interpretar la ley de impuesto en otros aspectos de la devolución. Cuando me paré allí, manoseando el sobre, supe que, cualquiera que fuera la naturaleza de la investigación, todo estaría bien, porque había respaldado todas las sustracciones que había hecho. No pude ayudarme a recordar una revisión de cuentas particular varios años atrás en la cual fingí ignorancia en dicha ley para justificar mi pretensión de un gasto educacional que no se puede descontar. Mientras estaba sentada delante del auditor y trataba de parecer inocente, me mantuve pensando, *¡Dios me dejará muerta por mentir!* Toda mi vida, mis maestros de la escuela dominical me habían enseñado que Dios no tenía tolerancia para los mentirosos. No obstante, había sucumbido a la tentación de un amplio reembolso de impuestos. Así que estaba sentada, ocupada en la más flagrante forma de mentir, un común y antiguo engaño. Decidí entonces que la vida es demasiado corta para soportar la ansiedad y el remordimiento de ser embustera por unos pocos dólares extra. Pedro nos advierte: "El que quiere amar la vida y ver días buenos, refrene su lengua del mal, y sus labios no hablen engaño…" (1 P. 3:10).

¿Por qué algunas personas practican la falacia? Muchos lo hacen por ganancia financiera, por conveniencias sociales, para esconder actos inmorales, o para obtener otros "beneficios". Jacob, cuyo nombre significaba "engañador", conspiró con su madre y le mintió a su padre el cual le dio la bendición de la primogenitura que pertenecía a su hermano (Gn. 27). Cuando Esaú descubrió el engaño, amenazó con matarlo. Jacob fue forzado a abandonar el pueblo y a vivir con su tío Labán. No obstante, tuvo que cosechar la semilla del engaño que él había sembrado. Labán lo engañó para que se casara con su hija Lea, a la cual Jacob no amaba. Más aún, Labán le mintió al cambiar los términos de su acuerdo de empleo muchas veces. Jacob fue obligado a trabajar catorce años para casarse con Raquel, a la cual amaba. Finalmente, debido a que él abandonó sus métodos deshonestos y se convirtió en un diezmador, Dios bendijo a Jacob más allá de su fabulosa imaginación. Él regresó a casa después de muchos años con una bella familia, mucha abundancia y un nuevo nombre: Israel.

Estar ocupado en el engaño es una bofetada en el rostro de Dios y tiene terribles consecuencias. Cuando escogemos la opción de no confiar en Él para manejar la situación nosotros, en esencia decidimos que Él es un mentiroso y daremos marcha atrás en su promesa para responsabilizarse por cualquier necesidad. Nosotros entonces proseguimos en hacer nuestro propio camino por cualquier medio necesario, incluso siendo mentirosos. Al hacer esto, perdemos el derecho a la buena vida que Dios ha planeado para nosotros.

Medias verdades

Joan Smith se tomó el día libre el lunes. Regresó a trabajar el martes y le explicó a su jefe que había estado ausente porque su anciana madre había estado hospitalizada. La verdad del asunto es que Joan había empleado solo dos horas en el hospital y ¡seis horas haciendo las compras! El objetivo de Joan era hacer que su jefe creyera que ella había utilizado todo el día al lado de la cama de su madre. Ella dijo una media verdad.

Fui una vez la reina de las medias verdades y estuve convencida de que aún estaba caminando en integridad. Una de mis medias verdades favoritas era echarle la culpa a las llaves perdidas cuando llegaba tarde a una cita. Parecía que siempre colocaba mal las llaves; sin embargo, podía casi siempre localizarlas dentro de unos pocos minutos en uno de los varios lugares que yo conocía. La verdadera razón para mi demora era a menudo una escasa administración del tiempo. Cuando ofrecía mi excusa, racionalizaba que la parte de mi declaración que verbalizaba era verdad; en verdad había buscado las llaves. Pero ignoraba el hecho de que la información sin revelar, como los minutos extra que empleé en la cama o mi decisión de completar una tarea insignificante, podrían haber causado que el oyente sacara una conclusión diferente sobre mí. Al final mi esposo me recalcó la dolorosa realidad de que cualquier intento de engaño es un periodo de mentira.

Encuentro interesante que la palabra "integridad" se deriva de "entero", la cual es un término matemático. Un entero es un número completo lo contrario a una fracción. Cuando caminamos en integridad, decimos toda la verdad y no una fracción o una parte de la misma. Alguien estaba muy consciente de las muchas maneras que hay para mentir cuando sugirió que los juramentos de la corte le ordenaran a una persona a decir "la verdad, toda la verdad y nada más que la verdad".

Exagerar

¿A menudo embelleces una historia para obtener más atención de tus oyentes? Exagerar puede parecer inofensivo pero es otra forma de mentir. El peligro de la amplificación de algo es que aquellos que están familiarizados con la inclinación de una persona a falsificar la realidad reducirán todo lo que esta dice. Esta es también la paradoja de la exageración; una persona adorna la verdad para hacer que algo suene más creíble pero entonces pierde su credibilidad porque exagera. Conozco a varios exageradores de la verdad. Sus palabras favoritas incluyen términos absolutos como "todo el mundo", "nadie" y "siempre". Sus amigos en broma les advierten: "Ahora, usted sabe que solo debe creer aproximadamente la mitad de cualquier cosa que ella diga". Qué terrible acta de acusación. ¿Es así cómo le gustaría que lo vieran?

Cuando usted relata una historia o un incidente, sepa que está bien decirlo con entusiasmo; solo evite la exageración. Cíñase a los hechos de valor nominal y resista el deseo de ser el centro de la atención por involucrarte en esta forma de mentir.

Dios ha sellado el destino de cada mentiroso: "… todos los mentirosos tendrán su parte en el lago que arde con fuego y azufre, que es la muerte segunda" (Ap. 21:8). La muerte significa separación. La primera muerte es la separación que se produce entre el espíritu y el cuerpo; la segunda muerte es la eterna separación de nuestro espíritu de Dios. La eterna separación de mi Padre es un precio demasiado alto para pagar por cualquier forma de engaño.

El salmista sabía las consecuencias del engaño y de manera constante le imploró a Dios que lo mantuviera alejado de este hoyo. Considera su súplica. "Libra mi alma, oh Jehová, del labio mentiroso, y de la lengua fraudulenta" (Sal. 120:2). ¿Ha estado confiando en Dios al decir la verdad y dejar que Él se ocupe de las consecuencias, o necesita unirse al salmista en su oración de liberación?

---AFIRMACIÓN DE HOY---

"Porque mi boca hablará verdad, y la impiedad abominan mis labios. Justas son todas las razones de mi boca; no hay en ellas cosa perversa ni torcida" (Pr. 8:7-8).

Día 2

La lengua aduladora

Estos… adulan[do] a las personas
para sacar provecho.

JUDAS 16

"¿Cómo se siente ser la mujer más bella en la habitación?" De acuerdo con un sondeo de Internet de las mejores líneas de recogida de información, los hombres votaron por esta pregunta como la más eficaz para adular a una mujer.

La adulación es una mentira cubierta en una cama de palabras floreadas. La mayoría de las personas que se involucran con esta deshonesta forma de comunicación lo hacen para ganar favor. El beneficio deseado no es siempre algo material o tangible; puede ser alguno que no se pueda palpar, como la aceptación. El adulador puede tener poco valor propio y creer que le gustará a otros si los elogia.

Involucrarse en la lisonja es una clara evidencia de una carencia de fe en la habilidad de Dios para darle a la persona la aprobación de otros. El favor es un beneficio complementario que proviene al estar en un estado apropiado con nuestro Creador.

> *Porque tú, oh Jehová, bendecirás al*
> *justo;*
> *Como con un escudo lo rodearás de tu*
> *favor (Sal. 5:12).*

Hay muchos ejemplos en la Biblia sobre cómo Dios da a sus hijos favor con los hombres, sin ningún esfuerzo por parte de ellos. Piensa que Dios dio a Ester favor y el rey la seleccionó para ser la reina de Persia (Est. 2). Él le dio a Daniel favor con uno de los oficiales del rey, quien le permitió a él y sus tres amigos seleccionar su propia dieta en lugar de comer la comida impura e inapropiada de sus captores (Dn. 1). Dios le proporcionó a José favor en Egipto y él pasó de ser un cautivo a ser el mandatario de todos los recursos del país (Gn. 39-41). Estos hijos del Altísimo nunca tuvieron que recurrir a ninguna forma de esfuerzo propio para congraciarse y obtener ganancia o lograr su supervivencia.

¿Puede pensar en un momento en que aduló a alguien al darle un cumplido poco sincero? ¿Cómo se sintió más tarde? A menos que haya crecido cómodo con tal comportamiento falaz y se haya llegado a ser insensible al espíritu Santo, adular a alguien es probable que lo haga sentir como si hubiera violado su integridad personal.

Si es un lisonjeador, entienda que cuando está adulando demasiado a una persona, las flores de sus palabras pronto se marchitarán y perderán todo el impacto. A pesar de eso, si la persona que escogió para elogiar está plagada de inseguridad o ha recibido poca afirmación durante su vida, ella recibirá cualquier tipo de atención que reforzará su poco valor propio. Hay periodos en todas nuestras vidas cuando podemos encontrarnos vulnerables a la adulación. Estos tiempos pueden aparecer cuando nos sentimos olvidados, poco apreciados, poco atractivos, o huéspedes de otras emociones negativas que Satanás trae. Recuerdo una vez cuando ayudaba en una iglesia donde las oportunidades de traer un mensaje en un servicio programado eran muy pocas. En aquellas raras ocasiones cuando hablaba, regularmente unas pocas personas se acercaban a mí y decían que yo era la más impresionante oradora que ellos habían escuchado jamás. Ellos lamentarían luego el hecho de que yo no tuviera más oportunidades para hablar en la iglesia. Ahora, tengo que admitir que tales elogios halagaron mi ego; sin embargo, me apresuré a preguntarme si aquellas personas estaban solo tratando de congraciarse conmigo o intentaban que yo me uniera a ellos en sus actitudes críticas sobre la iglesia.

Algunas personas usan la lisonja como una táctica de supervivencia. La historia sostiene que el director de cine Steven Spielberg fue el blanco del maltrato físico y verbal de un matón cuando era un enjuto chico de trece años de edad. Alimentado con el hostigamiento constante, un día Steven aduló al matón al decirle que se parecía a John Wayne y debía considerar desempeñar el papel de héroe en una película que estaba pensando hacer sobre la Segunda Guerra Mundial. Una vez que Steven lo vistió y moldeó como un heroico líder de pelotón, el matón estaba en sus manos.*

Diferentes al matón de Spielberg, las personas que son saludables desde el punto de vista emocional, solo aprecian los elogios sinceros que ellos obtienen como fruto de una distinción específica. Además, muchos pueden detectar un cumplido dado para ganar su favor así como también las palabras dichas con motivos implícitos. La paradoja es que ellos tienden a mirar con desaprobación, más que con favor, a alguien que los elogia en general sin ninguna razón aparente.

Las Escrituras son muy claras en el plan de Dios para los aduladores: "Jehová destruirá todos los labios

---

*Citado de: www.anecdotage.com

lisonjeros…" (Sal. 12:3). ¿Está la adulación que vale la pena distanciada de las bendiciones de Dios?

—————AFIRMACIÓN DE HOY—————

"No haré ahora acepción de personas, ni usaré con nadie de títulos lisonjeros. Porque no sé hablar lisonjas; de otra manera, en breve mi Hacedor me consumiría" (Job 32:21-22).

Día 3

La lengua manipuladora

Y ella le dijo: ¿Cómo dices Yo te amo,
cuando tu corazón no está conmigo?
Ya me has engañado tres veces, y no me has
descubierto aún en qué consiste tu gran fuerza.

JUECES 16:15

Sansón fue un hombre escogido de Dios pero tuvo una inclinación hacia las mujeres impías. Estaba destinado desde el nacimiento a jugar un papel vital en la liberación de los israelitas del dominio de los filisteos. Dios lo dotó de una sobrenatural fuerza física y alertó a sus padres que nunca debía cortarse el pelo, el secreto de su fuerza. Sansón se involucró en muchas hazañas que exhibieron su sorprendente poder muscular; sus enemigos no tuvieron oportunidad contra él.

Entonces se enamoró de una ambiciosa y confabulada mujer filistea llamada Dalila. Después de muchos intentos usando el antiguo sentimiento de culpa argumentó: "Si me amas, podrías…", ella manipuló a Sansón para que le dijera el secreto de su gran fuerza. Entonces, por una ganancia financiera, ella traicionó la confianza de él y les reveló el misterio a los enemigos de este. Muy pronto ellos afeitaron su cabeza y él llegó a ser tan débil como cualquier otro hombre. Habiéndolo sojuzgado, le sacaron los ojos, lo amarraron con cadenas y lo obligaron a moler en la cárcel. Como un hombre destrozado y sin poder, Sansón nunca recobró su anterior gloria.

Un día durante un evento en el cual los filisteos se estaban riendo a costa de él, este se paró entre dos pilares del templo, oró por una última inyección de fuerza sobrenatural, y de forma literal derribó la casa (vea Jue. 16). El desplomado edificio lo mató y también a más de tres mil espectadores y oficiales del gobierno. Este fue el trágico final de un hombre fuerte que fue debilitado por una mujer manipuladora. La manipulación puede destruir no solo una relación sino también la vida de una persona.

Hoy muchos hombres sufren de lo que llamo "Dalilafobia", el temor a revelar sus vulnerabilidades. Ellos han decidido que es más seguro guardar su debilidad con ellos, más que permitir que el sexo opuesto use este conocimiento divino contra ellos. Por supuesto, su miedo les impide lograr la verdadera intimidad con el sexo opuesto. Es crucial que ni el hombre ni la mujer deben jamás mencionar en una forma manipuladora o vengativa su conocimiento confiado sobre los miedos personales y las debilidades del otro.

La manipulación es un artificioso uso de la lengua y un vicio que se perpetúa a sí mismo. Una vez que los manipuladores encuentran que sus malas mañas les ayudan a lograr sus objetivos, quedan orgullosos de sus habilidades en "operaciones refinadas". Ellos usarán todos los tipos de tácticas indirectas que se extienden desde "tropiezos culpables" hasta describirlos como inocentes, víctimas penosas de varias circunstancias. Incluso pueden comenzar a disfrutar su habilidad para influenciar a otros en maneras semejantes. Por qué he escuchado a los hombres jactarse así: "¡Puedo hacer que una mujer haga cualquier cosa!"

Cuando los manipuladores son sutiles y hacen cualquier intento de encubrir sus motivos de servirse a sí mismos, a menudo olvidan que muchas personas son muy perspicaces y tienen un agudo sentido ante tal falta de sinceridad. Además, pierden toda credibilidad una vez que las personas llegan a ser conscientes de las inclinaciones de estos a involucrarse en tales comportamientos. Las personas supondrán que ellos siempre tienen motivos ocultos y los evitarán como la peste.

Algunas personas son tan atrevidas como para confrontar a los manipuladores y poner sus motivos en cuestionamiento. Jesús lo hizo cuando sus enemigos enviaron espías hacia Él presentándose como personas sinceras y religiosas. Los espías estaban manipulándolo para que hablara en contra del gobierno romano. Intentaron engañarlo al elogiar su integridad y su imparcialidad. Entonces ellos hicieron la pregunta, la cual pensaron con certeza que sería autoincriminatoria y lo enviaría a la cárcel: "¿No es lícito dar tributo a César, o no?" Pero Él percibió su astucia y les dijo: "¿Por qué me tentáis?" (Lc. 20:22-23). Él procedió a explicar que ellos debían dar al César, el emperador romano, lo que le perteneciera y darle a Dios lo que se le debía. Él rehusó ser víctima de la manipulación de ellos. Además, nunca leemos que Jesús manipuló a alguien. Siempre ofreció a todo el mundo una mejor forma de vida pero aceptó sus decisiones de buscar otra opción aun cuando esta no fuera para su mejor interés.

Nos corresponde imitarlo respecto a esto. La manipulación es engañosa e intenta quitarle a una persona la libre voluntad para elegir. Los hijos de Dios no deben practican ni tolerar tal conducta.

AFIRMACIÓN DE HOY

Debido a que estoy en una posición correcta con Dios, Él me rodea de favor. Por lo tanto, no tengo necesidad de manipular a nadie para una ganancia o ventaja personal.

Día 4
La lengua precipitada

¿Has visto hombre ligero en sus palabras?
Más esperanza hay del necio que de él.

PROVERBIOS 29:20

¿Algunas veces ofende a otros debido a que no ocupa su cerebro antes de poner su lengua en movimiento? ¿En algún momento ha hecho un compromiso con Dios o un hombre sin darle mucha consideración y después lo ha incumplido? La comunicación de la lengua precipitada se hace demasiado rápido para ser juiciosa o sabia.

Ofender de manera apresurada

No importa cuán santos seamos, al final ofenderemos a alguien por medio de un discurso precipitado. "Porque todos ofendemos muchas veces. Si alguno no ofende en palabra, éste es varón perfecto, capaz también de refrenar todo el cuerpo" (Stg. 3:2). Debido a que nosotros nunca podemos ser de manera total conscientes de todas las formas de sentir de los demás, debemos depender del Espíritu Santo para que dirija nuestro diálogo de una forma que no saque provecho de su pena, angustia, o sus experiencias negativas. He visto personas que de forma inocente ofenden a otros en un intento de agregarle humor a la situación. Debemos darnos cuenta de que todo el mundo tiene un nivel de sensibilidad diferente que depende de sus experiencias. Trato de practicar no ser ofendido de manera fácil y darle a menudo a otros el beneficio de la duda cuando ellos hacen un comentario precipitado que de otra manera puedo encontrar ofensivo.

Responder de manera apresurada

La Biblia advierte: "Al que responde palabra antes de oír, le es fatuidad y oprobio" (Pr. 18:13). Una vez tuve un empleado que respondía a mis averiguaciones tan rápido que no tomaba tiempo para comprender qué era lo que en realidad yo estaba preguntando. Su temor a fallar y su necesidad de establecer su valor eran tan grandes que se sentía apremiado a responder más rápido posible para probar que él era suficiente. De esta manera, a menudo su respuesta era ajena a la pregunta. ¡Qué frustrante! Sus acciones provocaban que lo viera en la misma manera en que él evitaba con tanto afán ser visto.

Comprometerse de forma apresurada

Dios no quieres que seamos inconstantes. Él espera que mantengamos nuestras promesas. En el libro de Eclesiastés, Salomón nos advierte con respecto a hacer al Señor votos apresurados y sin una correcta consideración. "No te des prisa con tu boca, ni tu corazón se apresure a proferir palabra delante de Dios…" (Ec. 5:2). Él continúa explicando que no debemos movernos de nuestra promesa diciendo que fue un error.

Jefté aprendió una lección en la insensatez de un voto apresurado y esto sucedió de una forma dura, a través de la experiencia (Jue. 11:30-40). Cuando él guió a los israelitas a luchar contra los amonitas, prometió que si le daba la victoria, el sacrificaría al Señor la primera cosa que saliera de su casa a su regreso. Lo que menos se imaginaba era que sería su única hija la que lo recibiría. Las Escrituras no son claras sobre si él sacrificó a su hija en un altar de fuego (contrario a las leyes de Dios) o si ella fue obligada a ser virgen por el resto de su vida. Aunque él cumplió a cabalidad su voto, su hija fue afectada en un sentido negativo debido a su compromiso precipitado.

Al ver que yo estaba infectada por el mal de hablar de forma apresurada, un mentor me llamó la atención: "Detente, piensa y ora antes de hablar". Santiago, el hermano del Señor, dijo esto mejor. "Por esto, mis amados hermanos, todo hombre sea pronto para oír, tardo para hablar, tardo para airarse" (Stg. 1:19). ¿Alguna vez se ha preguntado por qué Dios nos dio dos oídos y una boca? Quizás vivimos para emplear mucho más tiempo escuchando que hablando. Una buena pausa nos sería provechosa con el paso del tiempo. El tiempo y las palabras son dos cosas que, una vez que se han ido, no se pueden recuperar nunca. Debemos tomar tiempo para pesar nuestras palabras antes de liberarnos de ellas.

AFIRMACIÓN DE HOY

Soy veloz para escuchar y lenta para hablar. El Señor ha puesto un guardia sobre mi boca y Él se mantiene protegiendo la puerta de mis labios.

Día 5

La lengua que divide

*Bienaventurados los pacificadores,
porque ellos serán llamados hijos de Dios.*

MATEO 5:9

Dividir y conquistar es una de las estrategias más fuertes de Satanás para impedir la eficacia de cualquier esfuerzo emprendido por dos o más personas. Él conoce el poder, la interacción y las bendiciones que vienen cuando trabajamos en armonía, por consiguiente, hace todo el esfuerzo posible para traer división.

A veces, es difícil creer que hay personas que de forma deliberada se ocupan en traer desacuerdo. Tuve una prima que había experimentado mucha agitación doméstica durante su niñez. Años después en las reuniones de nuestra familia, no estaba satisfecha hasta que había buscado pelea o manipulado a alguien para que discutiera con otra persona. Ser una "entorpecedora de la paz" parecía hacerla más feliz que disfrutar de la camaradería familiar. La disensión y la división estaban tan arraigadas en ella que las aceptaba como normales. Ella profesaba una relación con Dios pero su conducta eclipsaba su afirmación.

El sexto capítulo de Proverbios enlista siete cosas que el Señor detesta; entre ellas está "…el que siembra discordia entre hermanos" (v. 19). En Efesios 4:3, Pablo apremia a los creyentes a mantener "la unidad del Espíritu en el vínculo de la paz". Es obvio, él sabía que conservar la paz requiere un tremendo esfuerzo. No nos podemos permitir estar ignorantes de las tácticas de Satanás para mantenernos peleados. Él provocará que lleguemos a estar ofendidos por una declaración inofensiva, que le demos más significados a un comentario que lo que la persona pretendía al decirlo, que asignemos motivos impuros al comportamiento de alguien, o que creamos una mentira. ¡Qué bueno sería que nos entrenáramos para ser más perspicaces! El Espíritu Santo de seguro nos revelará la verdad de una situación. Él es nuestra paz y cuando lo abrazamos, nos dirige hacia decisiones pacíficas para nuestros asuntos. De hecho, nuestros conflictos pueden llegar a ser escalones para relaciones más fuertes cuando hacemos el compromiso de entendernos de manera mutua y abstenernos de las divisiones.

¿Ha usado su lengua para sembrar discordia? Sepa que cada vez que le diga a otra persona algo negativo que alguien más ha dicho sobre ella, es probable que su acción cause división. Esto no es decir que no debe advertir a una persona sobre otra que no está actuando para su mejor beneficio. Sin embargo, debe ser honesto sobre su motivo subyacente. Usted puede estar tratando de ganar el favor de esa persona al parecerle tan leal como para denunciar al que es malo, o puede estar de forma indirecta comunicando sus propios sentimientos sobre la persona a costa de otro. Cualquiera que sea su razón fundamental, el resultado es todavía el mismo, una relación se dañará y Dios estará disgustado.

Cuando recuerde la última vez que usó su lengua como una herramienta de división, considere cuál excusa empleó para hacerlo. ¿Está listo para arrepentirse por este pecado?

No solo estamos para refrenarnos de causar división, debemos también convertirnos en activos agentes de paz, al poner en práctica nuestros mejores esfuerzos para reconciliar las partes en conflicto.

AFIRMACIÓN DE HOY

Haré todo el esfuerzo posible para hablar palabras que engendren paz y para refrenarme de cualquier comunicación que cree desunión.

Día 6

La lengua contenciosa

Honra es del hombre dejar la contienda;
mas todo insensato se envolverá en ella.

PROVERBIOS 20:3

De manera diferente a las personas que dividen, cuyas acciones destruyen la unidad entre las partes, las personas contenciosas disfrutan resistir de manera directa a cualquiera cuyo punto de vista es diferente del de ellas. De hecho, parecen estar en una disposición mayor para cualquier cosa que puedan discutir lo que pondrá a alguien más a la defensiva. Contando siempre con el pasto para una lucha verbal, ellas pueden siempre depender de cualquier discusión sobre religión o política para producir una rencilla sin fin.

Ser contencioso es un inútil uso de la lengua y no es la vía para ganar amigos o ejercer influencia sobre las personas. Fue el legendario vaquero norteamericano Will Rogers quien alertó: "La mente de las personas es cambiada a través de la observación y no de la contención". En otras palabras, la actitud hostil niega la habilidad de uno para producir el cambio.

Vamos a ver por qué las personas llegan a ser agresivas.

Muchos belicosos crecieron en hogares donde las discusiones eran tanto un modelo como un alimento. De esa manera, ellos piensan que es normal contender. Yo crecí en un entorno muy agresivo. No recuerdo ninguna discusión que alguna vez terminara en un acuerdo amistoso con respecto al asunto que la inició. Más bien, parecía que cuando los contenciosos no podían encontrar más leña para poner en el fuego al alcance de la mano, ellos encendían otro fuego y continuaban el proceso hasta que se cansaban de hablar. Yo prometí que nunca me involucraría en una comunicación tan ineficaz. Por otro lado, tengo un hermano que siempre trata de atraer a las personas hacia una discusión que a menudo resulta en una pelea. Cuando se le terminan los temas para seguir adelante o no tiene respuestas lógicas a las refutaciones de sus oponentes, recurre a los ataques personales del carácter de cada uno de ellos y a los insultos. El ha escogido imitar el comportamiento que presenció cuando era un niño.

Otra razón por la que otras personas recurren a la contención es para reforzar su valor propio. Ellas solo pueden sentirse bien con respecto a sí mismas al atacar el valor de las opiniones, las filosofías, o las creencias de otros y entonces los manipulan para defender su posición. La meta del contencioso no es añadir valor a la vida de alguien al mostrarle el error de su camino. De hecho, ella estaría muy decepcionada si su blanco de ataque respondiera: "Gracias por arrojar luz en este asunto. Cambiaré mi manera de pensar de inmediato". ¡Vaya, tal concesión terminaría la discusión!

He decidido que es mejor atender al consejo de Salomón: "El que comienza la discordia es como quien suelta las aguas; deja, pues, la contienda, antes que se enrede" (Pr. 17:14). Cuando entablo conversación con un contencioso, mi respuesta favorita es decir lo más temprano posible, con todo el carácter definitivo que le puedo dar: "Está bien. Esa es tu opinión". Esto me mantendrá lejos de la tela de araña de la rivalidad que los contenciosos son expertos en tejer. Este tipo de red necesita dos para enredarse. Jesús nos advirtió: "Ponte de acuerdo con tu adversario pronto" (Mt. 5:25).

La mayoría de las personas, excepto las semejantes a los contenciosos, minimizarán o evitarán discutir con alguien que es de esa manera. Esto sucede porque es demasiado estresante caminar encima de cascarones de huevos tratando de limitar sus conversaciones a tópicos seguros y no debatibles.

Uno de los retos para los hijos de Dios es aprender a discrepar sin ser desagradable. Glorificamos a Dios cuando continuamos amando aun cuando no estamos de acuerdo con las perspectivas y valores de los no creyentes. Debemos tener cuidado de cómo diferimos para que no comprometamos nuestro testimonio. Sin duda tenemos la bendición de registrar nuestros reclamos sin estar mal intencionados. Benjamín Franklin fue conocido por comentar de manera diplomática: "En este punto, estoy de acuerdo. Pero en el otro, si no le importa, ¿puedo ofenderme?"

Si usted tiene la tendencia a ser conflictivo o contencioso, recuerde que no le cuesta nada respetar la opinión de alguien, especialmente en cuestiones que no tienen consecuencias eternas.

AFIRMACIÓN DE HOY

Me opondré a convertirme en contencioso al respetar los derechos de cualquiera de tener sus propios valores y puntos de vista.

Día 7

La lengua jactanciosa

Alábete el extraño y no tu propia boca;
el ajeno, y no los labios tuyos.

PROVERBIOS 27:2

¿Está tan orgulloso de sus logros o sus posesiones que no puede ayudar sino vanagloriarse de ellos? La jactancia implica que su buena fortuna es un resultado de sus propios esfuerzos. ¿Ha olvidado que todo lo que tiene vino de Dios? El rey Nabucodonosor lo hizo. Un día, mientras paseaba por el tejado de su palacio, tuvo una conversación consigo mismo que cambiaría el resto de su vida.

> *habló el rey y dijo: ¿No es ésta la gran Babilonia que yo edifiqué para casa real con la fuerza de mi poder, y para gloria de mi majestad? (Dn. 4:30).*

Las Escrituras nos dicen que Dios interrumpió el momento de orgullo de Nabucodonosor y le declaró que ¡perdería su reino de manera inmediata! Fue sacado del palacio y forzado a vivir como un

marginado común. Su pelo creció como las plumas
de un águila y sus uñas como las garras de un ave.
Incluso llegó a estar enfermo de la mente. No fue
hasta que reconoció a Dios como el soberano sobre
todo que el Señor le devolvió su sanidad y lo restauró
en el reino. Escuche su testimonio:

> *Mas al fin del tiempo yo Nabucodonosor*
> *alcé mis ojos al cielo, y mi razón me*
> *fue devuelta; y bendije al Altísimo,*
> *y alabé y glorifiqué al que vive para*
> *siempre, cuyo dominio es sempiterno,*
> *y su reino por todas las edades.*
> *Todos los habitantes de la tierra son*
> *considerados como nada; y él hace*
> *según su voluntad en el ejército del*
> *cielo, y en los habitantes de la tierra,*
> *y no hay quien detenga su mano, y le*
> *diga: ¿Qué haces? (Dn 4:34-35).*

Debemos aprender a tomar de forma consciente el
asiento trasero cuando el orgullo grite por obtener la
fila delantera. Estudie en la Biblia el destino de los
hombres orgullosos. Medite en las Escrituras que
tratan sobre la humildad y el orgullo. He puesto en
un cuadro el pasaje siguiente y lo mantengo al alcance
de mi vista en mi oficina.

Porque ¿quién te distingue? ¿o qué tienes que no hayas recibido? Y si lo recibiste, ¿por qué te glorías como si no lo hubieras recibido? (1 Co. 4:7).

Cualquiera de las habilidades o talentos que Dios te ha dado, son para su gloria. Aprende a tomar las alabanzas con calma. Si tu popularidad se incrementa, no seas intoxicado por las distinciones. Recuerda que los elogios son como el perfume. Si lo consumes, te puede matar.

AFIRMACIÓN DE HOY

"…por la gracia de Dios soy lo que soy…" (1 Co. 15:10).

Día 8

La lengua autodespreciativa

Entonces dijo Moisés a Jehová: "¡Ay, Señor!
nunca he sido hombre de fácil palabra, ni antes,
ni desde que tú hablas a tu siervo; porque soy
tardo en el habla y torpe de lengua".

Éxodo 4:10

Usted está ocupado en el autodesprecio cuando piensa o habla de usted mismo como si fuera diminuto o no tuviera mérito y por esa razón minimiza el valor de lo que trae a la mesa o tiene que ofrecer. Note cómo Satanás busca llevarnos de un extremo al otro. Él trata de hacernos tanto jactanciosos como avergonzados. Trata de hacernos pensar que somos "en realidad algo fenomenal" o "¡una ruina completa!" No sea ignorante de sus trucos.

El autodesprecio está a menudo disfrazado de humildad, pero en realidad es un rechazo de la Palabra de Dios, la cual nos asegura que podemos hacer todas las cosas por medio de Cristo que nos fortalece (Fil. 4:13). Observe aquellas etiquetas negativas que pone sobre usted mismo. La forma en que otros lo nombren no es importante; sino solo cómo usted se denomine a sí mismo.

Considere la historia de Jesús y el hombre que había estado poseído por demonios por un largo tiempo. "Y le preguntó Jesús, diciendo: ¿Cómo te llamas? Y él dijo: Legión. Porque muchos demonios habían entrado en él" (Lc. 8:30). Una "Legión" era la mayor unidad del ejército romano que consistía en un límite de hasta seis mil soldados; este no era el nombre de pila de este hombre. El estar poseído por una legión de demonios era una condición temporal que él había tenido que aceptar como una realidad permanente. Había tratado con el problema por tanto tiempo que se designó o definió a sí mismo por su experiencia.

¿Ha tenido una experiencia que ha permitido que lo defina? Quizás se ha etiquetado como un "gordinflón" porque ha combatido contra su peso por un largo tiempo sin ninguna victoria aparente a la vista. En otro caso, tal vez se ha definido como una "víctima" debido a que en realidad le han hecho daño más de una vez. Usted puede incluso considerarse un "fracaso" porque está divorciado. ¡Es tiempo de abandonar las etiquetas negativas y redefinirse a sí mismo!

El autodesprecio desagrada a Dios. Cuando Moisés se lamentó de que era inadecuado para guiar a los israelitas lejos del cautiverio egipcio debido a su impedimento al hablar, Dios se molestó.

> *Y Jehová le respondió: ¿Quién dio la boca al hombre? ¿o quién hizo al mudo y al sordo, al que ve y al ciego? ¿No soy yo Jehová? Ahora pues, ve, y yo estaré con tu boca, y te enseñaré lo que hayas de hablar (Éx. 4:11-12).*

Qué impresionante promesa de un Omnipotente Ser que no puede mentir. Debemos rechazar el espíritu de incompetencia. Sin Dios, no podemos hacer nada de todas formas; con Él podemos hacer todas las cosas. Debido a la actualidad de su Palabra, podemos caminar con confianza, no en nosotros mismos, sino en la gracia de Dios que nos da poder.

——AFIRMACIÓN DE HOY——

Dios es capaz de hacer que *toda* gracia abunde alrededor de mí; para que yo *siempre* tenga *toda* suficiencia en *todas las cosas* y pueda abundar en *toda* buena obra.

Día 9

La lengua calumniadora

El que encubre el odio es de labios mentirosos;
y el que propaga calumnia es necio.

PROVERBIOS 10:18

Los calumniadores hacen declaraciones maliciosas, falsas, o incluso verdaderas sobre otros con la intención de dañar su reputación, su carácter o su buen nombre. Las campañas políticas son notorias por publicar afirmaciones calumniadoras en los medios de comunicación con la esperanza de desfavorecer a sus oponentes. Raro es el candidato que pone en funcionamiento una campaña totalmente limpia en estos días. No obstante, la calumnia no está limitada a los políticos. En determinadas circunstancias, cualquiera puede ser tentado a denigrar a otro. Una cosa de la que podemos estar seguros es que no habrá ningún calumniador en el cielo.

> *Jehová, ¿quién habitará en tu tabernáculo? ¿Quién morará en tu monte santo? El que anda en integridad*

*y hace justicia, y habla verdad en su
corazón. El que no calumnia con Su
lengua, ni hace mal a su prójimo, ni
admite reproche alguno contra su
vecino (Sal. 15:1-3).*

¿Puede recordar una época en la cual hizo comentarios denigrantes sobre alguien? ¿Cuál fue su motivo al hacerlo? ¿Por qué sintió la necesidad de disminuir ante los ojos de otro, el carácter de esa persona? ¿Estuvo hablando en voz alta del dolor de ser herida por ella? ¿Envidiaste sus logros? Si es así, ¿no ha aprendido cómo permitir que su envidia lo motive a lograr sus propias metas más que provocar que usted difame a otro? Es probable que usted a regañadientes admire y desee algo que otra persona posee.

Algunas personas son tan inseguras y fáciles de amenazar que sienten que deben lanzar calumnias relacionadas con el carácter de otros a los cuales perciben como "la competencia" y todo esto para mantener su posición. Tal fue el caso de Diótrefes, un líder de la iglesia del Nuevo Testamento. Él se encontró en un verdadero dilema cuando Juan recomendó a otros ungidos maestros del evangelio para hablar en su iglesia. Lleno de inseguridad, él temió que la visita de los mismos amenazaría su preeminencia, así que rehusó permitirles que vinieran. Juan estaba bastante molesto con el comportamiento de Diótrefes y le explicó a su amigo Gayo cómo planeaba encargarse de esto.

> *Por esta causa, si yo fuere, recordaré las obras que hace parloteando con palabras malignas contra nosotros; y no contento con estas cosas, no recibe a los hermanos, y a los que quieren recibirlos se lo prohíbe, y los expulsa de la iglesia (3 Jn 10).*

Usted puede encontrar muchos Diótrefes tanto en las organizaciones santas como en las seculares. Ellos lanzan calumnias sobre las amenazantes personas recién llegadas; acusan a las mujeres brillantes y talentosas de progresar por medios que están fuera de sus habilidades, talentos y calificación. Ellos buscan un problema en la armadura de sus víctimas. Contrario a lo que piensan, disminuir la imagen de otro no va a realzar su imagen.

Recurrir a la denigración es una clara evidencia de que uno no se ha incluido de seguro en las promesas de Dios. Por ejemplo, debido al Salmo 75:6-7, yo estoy segura de que la promoción y la exaltación vienen de Dios más que del hombre. Esta verdad me inspira a ser un jugador de equipo. No hay razón para que yo apague la luz de alguien para que la mía brille.

Además, Dios ha declarado que ningún hombre puede frustrar su propósito para nuestras vidas.

> *Porque Jehová de los ejércitos lo ha determinado, ¿y quién lo impedirá? Y su mano extendida, ¿quién la hará retroceder? (Is. 14:27).*

Puesto que Dios ha asegurado nuestro destino y ha prometido vengar todos los agravios perpetrados contra nosotros, ¿por qué ocuparse en la calumnia? Encuentro interesante que la palabra griega para "calumnia" se deriva de *diabolos*, la cual significa "diablo". La difamación es un acto ilegal y diabólico que Dios aborrece. Cuando intentamos calumniar a otros con nuestras palabras denigrantes, estamos sembrando malas semillas de las cuales seguramente recogeremos las consecuencias. "El que guarda su boca guarda su alma; mas el que mucho abre sus labios tendrá calamidad" (Pr. 13:3).

AFIRMACIÓN DE HOY

Me niego a ser una calumniadora. Usaré Filipenses 4:8 como mi filtro para una conversación. Por consiguiente, cualquier cosa que sea verdadera, honesta, justa, pura, amable, lo que es de buen nombre, si hay virtud alguna y si hay algo digno de alabanza, hago comentarios solo sobre estas cosas.

Día 10

La lengua chismosa

Las palabras del chismoso son como vocablos suaves, y penetran hasta las entrañas.

PROVERBIOS 18:8

Parecía que cada mujer en el salón de belleza tenía una opinión sobre por qué Oprah Winfrey no se había casado con su pretendiente de toda la vida, Steadman Graham. Al rehusarme a unirme a la discusión, enterré mi cabeza en mi libro y decidí que era un buen momento para ponerme al día en mi lectura. Debido a que he sido el tema de unas pocas conversaciones "bien difundidas", tengo una aversión a tales intercambios que no son productivos. Me senté allí pensando, ¿cómo sería si fuera contigo? ¿Por qué te importa?

¿Algunas veces te involucras en ociosas y a menudo maliciosas conversaciones sobre los asuntos personales de otros? El chisme puede ser un "bocado de primera calidad" tan delicioso que muchos encuentran que es imposible resistirlo. Ahora, estoy segura que todos los que lean este libro han sido culpables de participar de este pasatiempo popular, tanto en calidad de portador como de oyente en una época o en la otra. ¡Ah, la desventaja de tal comportamiento!

¿Supo usted que el chisme puede disminuir su percepción del valor propio? ¿Cómo? Cuando usted murmura, tiene la tendencia a darse cuenta de que no está caminando en integridad. Nos sentimos mejor sobre nosotros mismos cuando hacemos cosas que son agradables a Dios; después de todo, Él nos creó para su complacencia.

¿Cuál es la solución? ¿Cómo detiene el chisme? ¡Agárrese a sí mismo antes de ser tentado! Pregúntese por qué está siendo un portador de tales noticias. ¿Es esta la única forma que conoce para establecer camaradería con otros? ¿Necesita ser el centro de atención? ¿Le hace sentir superior el hecho de saber algo negativo sobre alguien que el que lo escucha no conoce? ¿Está envidioso de los logros de las personas que están sujetas a usted? ¿Por qué está deseando usar el templo de Dios como un "recipiente de basura" al ser un receptor del chisme? ¿Qué planea hacer con la información que un chismoso comparte con usted? ¿Está aburrido con su vida y necesita más actividades significativas? He podido observar que aquellos que están de manera apasionada dedicados a sus propias metas y aspiraciones son menos propensos a perder el tiempo discutiendo los asuntos de otros.

Si usted es serio con respecto al tema de eliminar el chisme de su vida, debe empezar una campaña total en contra del mismo. Deje que todos conozcan que no será un portador o un oyente de "bocados de primera calidad" sobre nadie. Declare su entorno, tanto en el trabajo, en el hogar, o en la recreación, para ser una "zona libre de chisme". Haga todo esfuerzo por evitar a los murmuradores. Proverbios 20:19 advierte: "El que anda en chismes descubre el secreto; no te entremetas, pues, con el suelto de lengua" (Pr 20:19).

Cuando las personas vienen a mi oficina y comienzan a chismear o a involucrarse en cualquier otra conversación impía, apunto hacia mi lengua y exclamo: "¡Lengua rápida!" Ellos al instante saben que no tengo planes de permitir su plática. Rehusar involucrarse en el chisme puede resultar en menos visitantes y llamadas telefónicas; sin embargo, su efecto será de largo alcance. He recibido correos, llamadas y cartas de personas por todos los Estados Unidos dando testimonio acerca del efecto que la lengua rápida está haciendo en sus vidas.

Cuando su lengua es usada como un instrumento de rectitud, sus valores ascenderán a los cielos. Será capaz de declarar de manera humilde, con completa dependencia en el Padre: "Sean gratos los dichos de mi boca y la meditación de mi corazón delante de ti, oh Jehová, roca mía, y redentor mío" (Sal. 19:14).

AFIRMACIÓN DE HOY

No soy uno que husmea en los asuntos de los otros. Por lo tanto, no entregaré mi lengua como un instrumento del chisme.

Día 11

La lengua intrusa

Porque oímos que algunos de entre vosotros andan
desordenadamente, no trabajando en nada,
sino entremetiéndose en lo ajeno.

2 Tesalonicenses 3:11

En mi ciudad natal se le da un nombre especial a las personas que siempre estaban espiando o inmiscuyéndose en los asuntos de otros. Aunque las suegras tienen la reputación de ser las primeras entrometidas, no han acaparado el mercado de este vicio. Hombres, parientes, compañeros de trabajo y amigos que tienen las mejores intenciones son también propensos a curiosear de tiempo en tiempo.

Diferente a los chismosos, los intrusos a menudo buscan información personal de sus interlocutores. "¿Cómo puedes ofrecer artículos tan costosos?" "¿Qué talla tiene el vestido que estás usando?" "¿Cuánto tiempo puedes permitirte estar fuera del trabajo?" Estos son tipos de preguntas que sirven al propósito de satisfacer una mente que busca información. Con toda justicia, no todo el que hace averiguaciones es un intruso. Muchos en realidad están interesados en ayudar a otros.

Si usted está de veras preocupado o solo curioso, tenga un cuidado especial para evitar preguntas inquisitivas cuando conversa con aquellos que están enfermos. "¿Qué dijo el doctor sobre su estado?" Mala pregunta. Es mejor esperar por alguien que se ofrezca como voluntario para dar una información detallada sobre su salud personal.

Si usted es propenso de naturaleza a la curiosidad, debe hacer un esfuerzo especial para mantenerla dentro de los límites de lo que es social y espiritualmente apropiado. En algunas situaciones usted puede no tener intenciones de ser indiscreto; sin embargo, todavía puede correr el riesgo de que su curiosidad ofenda a otros.

Mi esposo odia a los curiosos. Tengo que recordarle ser amable al responder a las averiguaciones sobre el precio de sus compras personales, tales como un carro o alguno de sus "juguetes" recreativos. Él a menudo responderá: "¿Está planeando comprar uno?" Cuando alguien me pregunta acerca del precio de algo, acostumbro a ofrecer un amplio rango de precios o en broma digo: "Está en un punto entre cien y un millón de dólares". Trato de recordar el hecho de que algunos individuos, e incluso personas de ciertas culturas no saben que otros estiman sus preguntas como curiosidad. En la mayoría de los casos una respuesta simple como: "Lo siento, eso es confidencial" o "Eso es personal" será suficiente para detener otra averiguación.

La Biblia ofrece una perspectiva interesante de los intrusos: "El que pasando se deja llevar por la ira en pleito ajeno es como el que toma al perro por las orejas" (Pr. 26:17). Las orejas de un perro son una de las partes más sensitivas de su cuerpo; si les das un tirón, el puede morderte. De igual modo, cuando metemos nuestras narices a algún lugar al cual ellas no pertenecen, podemos obtener una respuesta negativa. He aprendido esto por experiencia personal. Tuve una pariente que se encontró en una terrible situación financiera. A petición suya, nos sentamos juntas por varias horas y desarrollamos un plan para amortizar sus deudas y ponerla de nuevo al día. Luego, la ayudé a iniciar un negocio que le propició una suma significativa de dinero. Cuando le recordé que siguiera el plan que habíamos establecido, ella se ofendió por lo que percibió como una injerencia mía en sus negocios. Ella me recordó que no era una niña y ¡que podía manejar sus asuntos muy bien! Yo estaba devastada, porque sabía que tenía motivos puros sin intención de ser intrusa. La moraleja de la historia es que, incluso si siente que se ha ganado el derecho de introducir su nariz en una situación, camine de forma suave. Quizás quiera orar primero por eso y dejarle el asunto a Dios. Él siempre es mejor al influir en las circunstancias que nosotros.

Si usted es un padre, cierta injerencia es segura para mantener a sus inexpertos y hogareños hijos de caer en un camino equivocado. No esté temeroso de sus actitudes negativas o su rechazo. En el análisis final, muchos de ellos apreciarán su intervención. Si sus hijos han alcanzado la adultez, trate de aceptar el hecho de que los mayores no necesitan de forma constante a los padres. La ley de sembrar y cosechar las consecuencias de malas decisiones es aún uno de los más eficaces maestros de las lecciones de la vida. Es mejor que les dé a ellos el espacio para aprender.

Si usted en realidad es un intruso genuino, sepa que Dios no considera su husmeo un asunto pequeño. Él clasifica este pecado -sí, pecado-, junto al asesinato y al robo.

> *Así que, ninguno de vosotros padezca como homicida, o ladrón, o malhechor, o por entremeterse en lo ajeno (1 P. 4:15).*

Cuando se sienta tentado a inmiscuirse en asuntos ajenos, ¿por qué no se ocupa de un pequeño auto cuestionamiento? Pregúntese: "¿Tengo un motivo sincero y desinteresado para husmear en este asunto, o estoy intentando controlar las cosas para mis objetivos deseados?" Alguien una vez dijo que una razón por la que las personas que se ocupan de sus propios negocios sin interferir en las vidas de los demás son exitosas, es que estas tienen poca competencia porque no todos participan de sus mismos valores. ¡Piensa en esto!

AFIRMACIÓN DE HOY

Estoy genuinamente interesado en otros y solo busco información de ellos que me permitirá servirles, amarles y apoyarles mejor.

Día 12

La lengua traidora

El que anda en chismes descubre el secreto;
mas el de espíritu fiel lo guarda todo.

PROVERBIOS 11:13

La traición es un acto más evidente que el chisme. Un chismoso no siempre tiene por qué albergar una mala voluntad hacia su víctima; sin embargo, un traidor divulga información en la brecha de una confidencia. Él da información al "enemigo" y comete una traición en el aspecto relacional al violar la confianza que alguien ha depositado en él. Este uso impío de la lengua está diseñado para herir o desfavorecer.

Judas fue capaz de traicionar a Jesús con un pequeño esfuerzo porque él estaba familiarizado con sus entradas y salidas.

> *Y también Judas, el que le entregaba,*
> *conocía aquel lugar, porque muchas*
> *veces Jesús se había reunido allí con*
> *sus discípulos (Jn. 18:2).*

Judas utilizó su conocimiento confidencial de los hábitos de Jesús para herirlo. Después, su traición provocó en él tal odio hacia sí mismo que cometió suicidio. Un acto tal debe seguramente corroer la autoestima y el sentido de dignidad. ¿Alguna vez ha traicionado la confianza de alguien? Sea honesto. ¿Por qué hizo esto? ¿Cuál fue su pago? ¿Ganó algún beneficio debido a esto? ¿Estaba sintiéndose envidioso en ese momento? ¿Había allí un conflicto no resuelto entre ustedes dos? ¿Se ha arrepentido de ese pecado?

Por otro lado, ¿alguien ha traicionado su confianza? ¿Está usted cosechando lo que ha sembrado? ¿Qué lección provechosa aprendió del incidente? ¿Ha liberado en su corazón al ofensor y ya no desea venganza? Si no lo ha hecho, todavía está atado a él y este aún controla su vida. Déjelo ir. Dios vio la traición antes de que sucediera y mientras estaba ocurriendo. Puesto que Él escogió no intervenir, acepte esto como una parte de su plan soberano para su vida. Aprenda de la quemadura pero perdone al ser que la hizo. Recuerde que en el análisis final, el incidente obrará para su bien porque usted ama a Dios y es llamado de acuerdo a su propósito (Ro. 8:28).

Decida hoy esforzarse para ser una persona de confianza de la cual otros puedan depender para guardar sus secretos. Si es bendecido por tener amigos confiables, agradezca a Dios por tal joya rara.

AFIRMACIÓN DE HOY

Soy una persona confiable y puedo depender de esto para mantener una confidencia.

Día 13

La lengua menospreciadora

Ninguna palabra corrompida salga de vuestra boca,
sino la que sea buena para la necesaria edificación, a
fin de dar gracia a los oyentes.

EFESIOS 4:29

¿Las personas se sienten mejor sobre sí mismas después de haber pasado tiempo con usted? ¿O son sus expectativas tan altas que usted se enfoca en sus defectos más que en sus virtudes? Si alguien habla bien de una persona que usted envidia, ¿continúa con comentarios denigrantes? ¿Es usted tan inseguro que solo puede sentirse bien sobre sí mismo desacreditando a otros? "Por lo cual, animaos unos a otros, y edificaos unos a otros, así como lo hacéis" (1 Ts. 5:11).

Cuando tuvimos que ampliar una habitación en nuestro hogar, estaba fascinada por el uso del martillo. Fue usado en la demolición así como también en el proceso constructivo. Las palabras son así. Pueden destruir o pueden edificar. ¿Cómo utiliza la mayoría de las veces sus palabras? ¿Tu modo de actuar más común es edificar?

Durante sus momentos en que la lengua es muy rápida, venza su menosprecio al actuar como si fuera un animador y un entrenador para los miembros de su familia, empleados, compañeros de trabajo y otros en su círculo de interacción. Los organizadores del apoyo le dicen que usted puede hacerlo; los entrenadores le dicen cómo alcanzar la meta. Todos tienen el mismo objetivo: ¡Quieren que usted gane!

Ahora, sé por experiencia que si usted tiene la tendencia a ser uno de esos rígidos directores, orientador de metas de las personas, el entrenamiento puede ser al principio un desafío. Quizás usted es de la escuela de pensadores que cree que un talón de sueldo para un empleado es suficiente, especialmente si este está más que recompensado de manera adecuada. ¡Tenga cuidado! Usted está atascado en las eras de piedra y en una horrenda necesidad de cambiar su modo de pensar. Si usted quiere incrementar al máximo la producción, entonces aprenda cómo incrementar sus empleados. He encontrado que no es mi inclinación natural querer adiestrar a los que hacen las cosas mal; solo los quiero fuera. ¡Y sustituirlos por las nuevas superestrellas! Lo que he aprendido es que una pequeña pero positiva afirmación, un apretón de manos y mucha comunicación a menudo aumentarán la productividad y la lealtad que no siempre acompaña a los arrogantes superestrellas.

Haga de esto un hábito para afirmar a los miembros de su familia y a sus amigos. ¡Dígale a su esposa que ella es la única mujer para usted, exprese su aprecio por el sentido de responsabilidad de su esposo, aplauda a sus adolescentes por evitar las drogas y el alcohol, agradezca a un amigo por mantener sus secretos! Resista la tentación de querer casi siempre "arreglar" algo de ellos. Acéptelos como son y recuerde que solo los tiene por un tiempo.

AFIRMACIÓN DE HOY

Ninguna palabra corrompida sale de mi boca, sino solo aquella que es buena para la necesaria edificación, a fin de dar gracia a los oyentes.

Día 14

La lengua cínica

Bienaventurado el varón que no anduvo en consejo
de malos, ni estuvo en camino de pecadores,
ni en silla de escarnecedores se ha sentado.

SALMO 1:1

Eliab, el hermano mayor de David, era un verdadero cínico. Cuando David descendió a la escena de la batalla y vio a Goliat, el gigante filisteo que estaba intimidando a los israelitas, él se quedó indignado. Enérgica y confiadamente él declaró que se ocuparía en persona de ese "filisteo incircunciso" (1 S. 17:36). La circuncisión era una señal del pacto de Dios de protección y provisión para los israelitas. David sabía que este bravucón no tenía pacto así con Dios; solo los israelitas podían reclamar tal beneficio. David estaba muy seguro del pacto y aceptó a cabalidad la promesa de Dios. Como es lógico, esto no era así para su hermano mayor.

Y oyéndole hablar Eliab su hermano
mayor con aquellos hombres, se

encendió en ira contra David y dijo:
¿Para qué has descendido acá? ¿y
a quién has dejado aquellas pocas
ovejas en el desierto? Yo conozco tu
soberbia y la malicia de tu corazón,
que para ver la batalla has venido.
David respondió: ¿Qué he hecho yo
ahora? ¿No es esto mero hablar? (1 S.
17:28-29).

Eliab, cuyo nombre significaba "Dios es mi padre" (imagine alguien con tal nombre huyendo del gigante), despreció la confianza y los motivos de David; el cinismo lo tenía en sus garras.

Una persona cínica desdeña los motivos de otros. El cinismo es como un tóxico; este envenena la atmósfera dondequiera que se presenta. Recurrir a él también envenenará tu espíritu y el de otros. Detecta un empleado, un parroquiano, o un miembro de la familia cínico y muy pronto aquellos con mentes más débiles están uniéndose a ellos y prolongando la conversación negativa. Esto puede hacer estragos en una relación o en cualquier ambiente. Cuando dirigía un equipo de personas que estaban apremiadas por completar importantes trabajos dentro del plazo establecido, trataba de gratificarlos y liberarlos del estrés al llevar al equipo completo a almorzar de vez en cuando. Debido a que esto requería que cerráramos nuestro departamento por un par de horas, la asistencia era obligatoria. Había, sin embargo, una amargada antisocial, que siempre amargaba nuestras salidas con sus comentarios cínicos y una total actitud negativa acerca de la compañía. Al final comencé a dejar que ella se quedara en la oficina mientras el resto de nosotros tenía un buen tiempo. Encontré que alejarme de una cínica era mi mejor estrategia de afrontamiento.

Mientras prosigue con su mal uso de la lengua, comience a observar sus comentarios en varios escenarios y determine si está siendo cínico o menospreciador. Retírese del cinismo hoy.

AFIRMACIÓN DE HOY

Soy bendecido porque no ando en consejo de malos, ni estoy en camino de pecadores, ni en silla de escarnecedores me he sentado.

Día 15

La lengua "sabelotodo"

El hombre cuerdo encubre su saber.

PROVERBIOS 12:23

¿Es usted tan sabelotodo que no puede refrenarse de dar aportes no solicitados? ¿Tiene una inusual alta estima de su opinión? ¿A menudo usa la expresión: "Usted debe..."? Por favor, permítame recordarle con gentileza que la mayoría de las personas que son saludables en el ámbito emocional se resentirán con alguien que siempre asume que conoce lo que es mejor para ellas. Debemos darles a las personas el beneficio de la duda mientras siguen un rumbo de acción independiente. Incluso si siente que se ha ganado el derecho de hablar a la vida de alguien o dar un consejo no solicitado, proceda con cuidado. "¿Ha considerado usted...?" Suena un poco menos controlador y será más acogido, en especial por los hombres que "usted debe..." Las mujeres casadas, ¡tengan cuidado! Los verdaderos hombres no están buscando una madre. Justo antes de casarme, una de mis mentoras espirituales me aconsejó un poco.

"Nosotras sabemos que tú eres inteligente", ella me advirtió: "Pero no lo sabes todo. Deja que tu esposo sepa algunas cosas de vez en cuando". He atendido a esta simple sabiduría por más de un cuarto de siglo con buenos resultados.

Aún si usted tiene el conocimiento y la comprensión de una problemática determinada, algunas veces es prudente mantener silencio y dejarle a otro el gozo y la realización de explicársela. "El hombre cuerdo encubre su saber" (Pr. 12:23). Asumir el rol de un arrogante experto en casi cada asunto es una indicación segura de orgullo, lo que es un comportamiento repulsivo para Dios y para los hombres.

¿Cómo se libera de esta lengua que pretende saberlo todo? Puede comenzar al permitirle a alguien compartir información con usted que ya conoce, sin dejar que él sepa que usted la conoce. Este puede ser un gran entrenamiento en humildad y madurez espiritual. A menudo, cuando mi esposo y yo nos preparamos para hacer una gran adquisición, como un carro, me río en mi interior cuando la persona que vende, a menudo un hombre, asume que no sé nada sobre finanzas. Él procede a explicar los términos del préstamo y otros aspectos financieros del trato. Yo voy con el organigrama y observo su asombro cuando él descubre que soy una contadora pública certificada con muchos años de experiencia. Por supuesto, se mantiene en pie allí luchando con la tentación de gritar: "¡Ella ya sabe eso! Yo solo lo hago para practicarme en mantener la humildad.

Incluso si usted es brillante pero humilde, su mera presencia puede causar que aquellos con baja autoestima se sientan inferiores. Con seguridad, entonces, exhibir superioridad intelectual distanciará a otros. Algunas personas pueden buscar áreas de debilidad para "bajarle los humos".

Si tiene la inclinación a ser un sabelotodo, quizás necesite hacerse una pequeña introspección. ¿Es su despliegue de conocimiento una cortina de humo de inseguridad? ¿Está usted anhelando atención o apreciación porque no las está obteniendo de las fuentes que usted desea? Cuando interactúa con un grupo, usted puede querer escuchar de manera activa a otros, preguntar por sus ideas, resistir la necesidad de contradecir o corregir a alguien y limitar su aporte a uno o dos puntos. Su relación con otras personas mejorará cuando la interacción de ellas con usted ha sido un intercambio mutuo de ideas.

AFIRMACIÓN DE HOY

Soy prudente y por consiguiente no ostento mi conocimiento.

Día 16

La lengua áspera

*La blanda respuesta quita la ira; mas la palabra
áspera hace subir el furor.*

PROVERBIOS 15:1

En mi impaciencia y frustración con la
incompetencia o la poca productividad en otros,
algunas veces he hecho lo que algunos sintieron que
fueron comentarios ásperos. Cuando he trabajado
en la cultura de una compañía donde el punto final
para las malas ejecuciones era raro, sentí que decirles
a los empleados la cruda verdad era mi único recurso.
Este uso imprudente de la lengua nunca ha dado
resultados positivos.

Salomón dice de la mujer sabia en el libro de
Proverbios: "Abre su boca con sabiduría, y la ley de
clemencia está en su lengua" (Pr. 31:26). Hablar de
forma bondadosa a otros era uno de los principios
centrales de la vida de esta mujer. Cuando en realidad
piensa sobre esto, no hay nunca una justificación
para ser áspero o descortés en nuestra comunicación.
Si afirmamos que Dios es nuestro Padre, no

practicaremos ninguno de los dos comportamientos. De manera consciente seleccionaremos palabras que sean afectuosas, asimilables y compasivas. Como mayordomos de la gracia que Dios ha extendido a nosotros debemos a su vez, expandir esta misma gracia a otros. Debemos cultivar el hábito de hablar palabras amables en especial a aquellos que sintamos que no se lo merecen, ¿no es esto de lo que trata la gracia? ¡Cuidado! Esto no significa que vamos a enterrar nuestras cabezas en la arena y vamos a rehusar tratar con situaciones problemáticas. Sin embargo, antes de acercarnos a alguien, debemos ir a Dios y tomar su palabra, la cual siempre da el resultado deseado. "Así será mi palabra que sale de mi boca; no volverá a mi vacía, sino que hará lo que yo quiero, y será prosperada en aquello para que la envié" (Is. 55:11). No podemos cumplir los propósitos de Dios mientras somos ásperos.

Hay varios grados de aspereza y el abuso verbal está en el extremo final del espectro. El antiguo dicho: "Las varas y las piedras pueden romper mis huesos, pero las palabras nunca pueden dañarme" es totalmente falso. Las palabras ásperas nunca mueren y pueden afectar a una persona de por vida. Muchos de los que hoy son considerados marginados sociales hoy en día, han sido víctimas del abuso verbal en algún momento durante sus vidas. Sus perpetradores, incluyen padres, maestros, cónyuges inseguros y otros que pueden haber estado batallando con sus propios asuntos emocionales. Si usted encuentra que es propenso a hablar de forma áspera cuando está enojado, comience a buscar a Dios para que lo libere de esto. Cualquier cosa que necesite, incluyendo inscribirse en clases para manejar la ira, hágalo. Salomón dijo: "Mejor es el que tarda en airarse que el fuerte; y el que se enseñorea de su espíritu, que el que toma una ciudad" (Pr. 16:32). Usted puede comenzar a tomar el control sobre este comportamiento destructivo por el poder del Espíritu Santo.

Recuerde que este tipo de heridas nunca pueden ser curadas, así que no permita que la aspereza o el abuso verbal sean nombrados entre los rasgos de su carácter. Haga la decisión de que la amabilidad será uno de los principios centrales de su vida.

AFIRMACIÓN DE HOY

Abro mi boca con sabiduría. La ley de clemencia está en mi lengua.

Día 17

La lengua indiscreta

Sea vuestra palabra siempre con gracia, sazonada con sal, para que sepáis cómo debéis responder a cada uno.

Colosenses 4:6

Daniel y sus tres amigos encararon un verdadero dilema. Nabucodonosor, el rey de Babilonia, había asediado su ciudad y tomado cautivos a sus moradores. Él seleccionó algunos apuestos e inteligentes jóvenes de la nobleza que servirían en su corte una vez que completaran un currículum de tres años de entrenamiento. El problema era que el programa nutricional del rey requería que ellos violaran su estricta dieta conforme a la ley judía. Sin la más ligera muestra de rebelión, Daniel actuó con astucia para encontrar una manera de salir de esa situación difícil.

> *Y Daniel propuso en su corazón no contaminarse con la porción de la comida del rey, ni con el vino que él bebía; pidió, por tanto, al jefe de*

*los eunucos que no se le obligase a
contaminarse (Dn. 1:8).*

Note que Daniel con mucho tacto pidió permiso
para seguir un plan alternativo de alimentación
aunque él ya había decidido que bajo ninguna
circunstancia iba a participar de tales provisiones
contaminadas. Dios le dio favor con el principal
oficial del adiestramiento, quien estuvo de acuerdo
en permitirle seguir una dieta vegetariana. Lección
aprendida: Siempre obtendremos más posibilidades
de la diplomacia que de la falta de tacto.

Confieso que ser diplomática es algo en lo que tengo
que trabajar a menudo. Mi estilo de comunicación
directo y honesto, me ha introducido en más aguas
ardientes que las que he querido admitir. Aunque la
honestidad en realidad es el mejor modo de obrar,
no es una licencia para decir cualquier cosa que
queramos. Una de las destrezas más importantes
que debemos desarrollar es la habilidad para tratar a
otros con sensibilidad y hablar de manera inofensiva
cuando nos encontramos en situaciones difíciles o
problemáticas.

Usted podría pensar que exhibir gentileza sería
una tarea fácil para aquel que reclama ser lleno de
la gracia de Dios. Algunas veces nuestra falta de
elegancia al hablar es un resultado de los estilos de

comunicación que vimos modelados cuando éramos niños. Una de las personas que más influenció mi vida fue una comunicadora indirecta que toleraba las palabras duras dirigidas hacia su método. Por consiguiente, las personas a menudo tomaban ventaja de su actitud amable. Me prometí a mí misma que nunca sería tan vacilante en mi comunicación y me esforzaría por ser muy clara al expresar lo que quería decir y al dar significado a lo que había dicho. El Espíritu Santo continúa trayendo balance en esta área mientras he admitido y me he arrepentido de este bagaje emocional. Estoy completamente persuadida de que solo la gracia de Dios puede facultarme para tirarlo a la basura.

¿Es siempre necesario ser honesto pero de forma brutal? Después de todo, ¿no podemos ser honestos sin dejar de ser brutales? Incluso Job declaró en medio de su sufrimiento: "¡Cuán eficaces son las palabras rectas!" (Job 6:25). ¿Debe el dolor siempre acompañar a la verdad? La magnitud en la que una persona experimenta dolor al decir la verdad depende de numerosas variables, incluyendo su grado de seguridad emocional, su valor percibido o su deseo de crecer.

Debemos entender que la gracia extendida a todos y el decir la verdad no son conceptos que se excluyen entre sí. Podemos decir la verdad de forma prudente.

"Pues la ley por medio de Moisés fue dada, pero la gracia y la verdad vinieron por medio de Jesucristo" (Jn. 1:17). Jesús nunca permitió que su cortesía le impidiera dar a conocer la verdad.

¿Y qué decir de la veracidad malintencionada? ¿Alguna vez ha sido a propósito falta de tacto? Yo sí. Sin embargo, cuando he reflexionado en la situación más tarde, me he dado cuenta de que aun cuando hablé palabras de verdad, la ira, la frustración, la desilusión, o la venganza estaban arraigadas en mis acciones. Fue William Blake el que dijo: "Una verdad que se ha dicho con malas intenciones sacude todas las mentiras que usted pueda inventar". Por supuesto, está implícito que debemos siempre apresurarnos en disculparnos por nuestra falta de tacto tanto intencional como no intencional.

La clave es desarrollar el hábito de ser discreto en cualquier situación. Escuché una historia sobre una mujer que fue a un viaje de negocios y dejó a su esposo, Tom, con la responsabilidad de cuidar de su gato y a su madre que vivía con ellos. Ella llamó cada día a la casa para ver cómo estaban yendo las cosas. Después del tercer día, Tom le informó que el gato dejó la casa temprano dos días antes y logró subir al techo. Él había tratado en vano por varias horas de persuadirlo para que bajara. Como estaba asustado, el gato había saltado y sufrido daños serios. El veterinario local estaba haciendo todo lo que podía por el animal. Llena de ansiedad, la mujer llamó al día siguiente para obtener un reporte del estado de su amado Mimi. Su esposo, sin delicadeza o sensibilidad, solo le dijo: "El gato está muerto". Ella estaba aterrada de la insensibilidad de él. Ella tuvo que hacerle frente a esto. "¡No puedo creer que seas tan despiadado! Cuando llamé el primer día, pudiste haber dicho: 'Cariño, el gato está en el techo'. El segundo día pudiste haber dicho: 'El gato está en el veterinario y las cosas no se ven muy bien'. Hoy pudiste haber dicho: 'Cariño, nuestro gato está muerto. Lo siento mucho'. ¡Eres imposible!" Después de haber expresado su frustración, con serenidad averiguó: "Por cierto, ¿cómo está mamá?" Tom, de manera lenta, le respondió: "Ella está en el techo…"

Sí, convertirse en una persona prudente en realidad requiere alguna práctica. Y como Tom, no podemos injuriar a miles de personas de una vez. Cuando nos encontramos casi al decir algo imprudente, sin embargo, podemos hacer lo que la Comisión Federal de Comunicaciones algunas veces les exige a los locutores que hagan retrasar la transmisión. Podemos repasar las palabras en nuestra mente y evaluar su impacto. Entonces podemos escoger rendirnos a la dirección del Espíritu Santo. Practicar esto a solas nos ayudará a desarrollar la disciplina emocional necesaria para ahogar los comentarios hechos con falta de tacto.

AFIRMACIÓN DE HOY

Mis palabras son sazonadas con gracia cuando hablo la verdad en amor.

Día 18

La lengua intimidante

Dijo luego el filisteo a David: Ven a mí, y daré tu carne a las aves del cielo y a las bestias del campo.

1 Samuel 17:44

Goliat pensó que matar a David iba a ser un juego de niños puesto que este era un guerrero inexperto. A pesar de eso, decidió emplear una pequeña intimidación verbal antes de sobre él. Él se ocupó de utilizar insultos, lenguaje amenazante y trató de minimizar el potencial de David, todo esto formaba parte de las tácticas convencionales para el intimidador eficaz. La respuesta de David no fue de ningún modo lo que Goliat esperaba. Más que sucumbir al miedo, él de forma enérgica declaró su fe en su Dios.

> *David le dijo al filisteo: "Tú vienes a mí con espada y lanza y jabalina; mas yo vengo a ti en el nombre de Jehová de los ejércitos, el Dios de los escuadrones de Israel, a quien tú has provocado.*

Jehová te entregará hoy en mi mano, y
yo te venceré, y te cortaré la cabeza…"
(1 S. 17:45-46).

El intimidador confiaba en que su víctima se encogiera frente al ataque verbal. Por eso algunas veces (cuando esto es seguro) usted debe dejar que la persona que lo amenaza sepa que se niega a ser oprimido por ella y que usted en realidad tiene la bendición de Dios y las fuerzas para resistir las tácticas de esa persona. Trabajé en un proyecto de gran magnitud una vez con un jefe de construcción que intentaba intimidar a través de los gritos a casi todo el que estaba implicado en dicho trabajo. A menudo podía llegar a ser agresivo durante negociaciones importantes. Sus tácticas funcionaron en la mayoría de los subcontratistas y en los otros trabajadores. Un día decidió apuntarme con uno de sus estallidos de abiertas y amargadas denuncias. Él gritó como un niño malcriado que ha perdido su chupete. Esperé de forma paciente mientras él vociferaba. Cuando terminó, muy calmada le respondí: "Supongo que debo dejarle claro que sus gritos no tienen absolutamente ningún efecto en mí. No conozco a nadie que pueda intimidarme. Dios es el único al que siempre temeré". Aun cuando él continuó siendo una prueba para mi paciencia durante el resto del proyecto, pronto aprendió que su estilo intimidante no iba a "hacer avanzar su pelota hasta mi cancha", en especial porque yo era la única que controlaba el pago de todos, ¡incluyendo el de él! Aunque puede ser espeluznante confrontar a los bravucones intimidantes, ellos a menudo retrocederán muy rápido cuando alguien les hace frente.

Dios nunca le ha dado a entender a nadie que puede oprimir o dominar a otra persona. Note que en el Huerto del Edén, Él les dio a Adán y a Eva dominio sobre los peces, las aves y los animales, no sobre ellos mismos u otra persona.

> *Y los bendijo Dios, y les dijo: Fructificad y multiplicaos; llenad la tierra, y sojuzgadla, y señoread en los peces del mar, en las aves de los cielos, y en todas las bestias que se mueven sobre la tierra (Gn. 1:28).*

Aunque puede ser una precursora de la violencia física, aunque a menudo se detiene a corta distancia, la intimidación verbal puede tener un efecto físico y emocional severo sobre la persona que la sufre. Muchas víctimas sufren de dolores de cabeza, ansiedad, agitación nerviosa, insomnio, estrés, fatiga, baja autoestima y depresión. Esta no es la forma en la que Dios se propuso que sus hijos incidieran en las vidas de los otros.

Los intimidadores harían bien en comprender que su estilo de comunicación solo engendra resentimiento y una sutil rebelión. Ellos deben aprender que las personas están más inspiradas a relacionarse con alguien que los apoyará en sus debilidades. Yo me maravillo de la cantidad de apoyo que recibió Joel Osteen, quien asumió el pastorado de la Iglesia de Lakewood en Houston, Texas, después de la muerte de su padre. Él solo había trabajado en el departamento de comunicación de la iglesia y nunca antes había predicado. De pronto, se encontró a sí mismo lanzado a la impresionante tarea de guiar un ministerio bien establecido y reconocido a nivel nacional. Más que hacer su entrada como el alguacil en el pueblo, él en actitud humilde aceptó su nueva posición, pidió el apoyo y las oraciones de la congregación y ahora tiene una de las más amplias iglesias y una de las emisiones de televisión más grandes de los Estados Unidos. He escuchado incluso cómo las personas que no van a la iglesia hablan de su admiración y apoyo hacia él.

Si usted es un intimidador, es tiempo de ponerse en contacto con la respuesta a esta pregunta: ¿Por qué siente la necesidad de ganar poder o control sobre otros? Puede que usted necesite un buen consejero profesional para ayudarlo a llegar a la raíz de estas causas. Muchas personas así crecen en un ambiente caótico o de diversas maneras negativo en el cual se sienten sin poder para cambiar las circunstancias. Entonces ellos prometieron que nunca permitirían que sus vidas estuvieran de nuevo tan fuera de control, así que ellos buscan control. Otros son solo un manojo de inseguridades y usan la intimidación como una fachada para enmascarar sus miedos. Cualquiera que sea la causa, estas personas nunca pueden esperar tener una relación significativa con alguien que sea forzado a estar sometido a ellas.

AFIRMACIÓN DE HOY

Debido a que Dios está en control de cada aspecto de mi vida y ha determinado mi destino, no tengo necesidad de controlar el comportamiento de otros.

Día 19

La lengua ruda

Y habrá allí calzada y camino, y será llamado Camino
de Santidad; no pasará inmundo por él, sino que
él mismo estará con ellos; el que anduviere por este
camino, por torpe que sea, no se extraviará.

Isaías. 35:8

¿No sería estupendo hablar mientras viajamos por una carretera principal, si fuera una autopista especial solo para personas agradables y consideradas? Las vías públicas son la sala de espectáculos donde acaba la agresión cada día. Los conductores descorteses gritan obscenidades a otros conductores, ya sean jóvenes o viejos.

¿Qué es lo que nos ha hecho tan rudos? ¿Son las agendas sobrecargadas de contratos, los largos tiempos de viaje, los jefes exigentes, los niños malcriados y el estrés de la vida diaria? Quizás nuestra falta de paciencia puede ser atribuida a las comodidades modernas que nos permiten hacer casi todo en escasos segundos. Mostrar paciencia es un raro acontecimiento. La comunicación irrespetuosa y descortés se ha convertido en una práctica normal, incluso entre los hijos de Dios. Estuve hace poco en una reunión donde un hombre estaba intentando presentar su punto de vista. Una mujer, frustrada con el ritmo del mismo, ansiosa por su próxima reunión y carente de la gracia para contener su pensamiento hasta que él hubiese terminado, lo interrumpió. Ella concluyó el informe del hombre y cambió el tema por completo. Los otros miembros del grupo se miraron unos a otros incomodados pero ninguno dijo nada, ni siquiera el hombre. Incidentalmente, era una reunión de ejecutivos en una organización cristiana.

Ser rudos con otros es muy denigrante para ellos y puede echar a perder todo su día. ¿Qué es lo que pasó con la regla de oro? "Y como queréis que hagan los hombres con vosotros, así también haced vosotros con ellos" (Lc. 6:31). ¿Hacerlo a otros? ¿Por qué? ¡No tenemos tiempo para pensar en otros! Estamos muy absorbidos en nuestras propias agendas. Muchos de nosotros pueden ser contados entre los usuarios de los teléfonos celulares quienes desfilan alrededor de lugares públicos hablando al máximo de sus voces como si nadie más estuviera presente. Esa misma noche en la iglesia, durante un momento crucial, una mujer sentada cerca del frente del santuario recibió una llamada a su teléfono celular, el cual sonó con mucho ruido y por un momento considerable antes de que ella la respondiera. Mi esposo estaba atónito de que ella no solo tenía el teléfono en la iglesia sino que recibió la llamada. Los usuarios de los teléfonos celulares parecen ser totalmente inconscientes de su mal comportamiento social que resulta molesto y ofensivo. Y, aun cuando algunos hablan de forma tranquila, he notado a personas cenando con otras mientras emplean una excesiva cantidad de tiempo conversando por teléfono. No es sorprendente que muchas relaciones sean tan superficiales en estos días.

Hablando de actos adicionales de rudeza, ¿qué decir de los cajeros en su puesto de trabajo quienes están tan involucrados en su conversación entre ellos que nunca ofrecen un "hola"? Eso es tan rudo. Y no podemos olvidar al ejecutivo que toma las llamadas telefónicas durante una reunión. Esto es irrespetuoso e inquietante.

¿No debería tener un efecto en nuestro comportamiento diario nuestro amor por Dios y el deseo de representarlo bien aquí en la tierra? "El amor es sufrido, es benigno; el amor no tiene envidia, el amor no es jactancioso… el amor… no busca lo suyo" (1 Co. 13:4-5).

¿Qué hacer si alguien es rudo con nosotros? ¿Debemos sencillamente dejarlo ir? ¿Es bíblico tratar la situación o debemos solo soportarla y sonreír?

Aunque Dios no nos ha llamado a ser niños mimados con falta de carácter que siempre rueden y aceptan comportamientos rudos, debemos confrontar la rudeza de una manera directa pero inofensiva. Puede que no sea necesario decirle a una persona: "Tú eres tan ruda". Sin embargo, es una buena idea permitirle saber que usted tiene conciencia de su carencia de elegancia en ese momento. Algunas veces una pregunta bondadosa y bien dicha hará el truco. "Día difícil ¿eh?" Por supuesto, si usted en verdad siente que ha sido maltratado, debe comunicar el incidente a alguien en autoridad donde le sea posible. Algunas personas continúan con su rudeza debido a que se salen con la suya; comunicar esto puede traer consecuencias que al final cambiarán su comportamiento. Lo más importante, no permita que las personas lo arrastren al vacío de su negatividad al corresponder usted a la rudeza de ellos de la misma forma. El otro día alguien me colgó el teléfono en mi cara. Mi primer pensamiento fue llamarlo al instante para poder hacerle lo mismo. El Espíritu Santo me recordó las amonestaciones que yo había escrito en el capítulo de la "lengua vengativa". Nunca habrá justificación para ser rudos.

Si usted se descubre que tiene la tendencia a hablar de forma ruda a otros, arrepiéntase y dedíquese a seguir la regla de oro. Sepa que cuando es rudo, ha hecho una decisión muy egoísta e impía pensando que sus necesidades o preocupaciones son superiores a las de otros.

El pueblo de Dios es paciente, considerado y amable. Recuerde esto el día de mañana cuando encuentre a una persona cuyas acciones le llamen a responderle de una manera impía.

AFIRMACIÓN DE HOY

Hablaré más despacio y tomaré el tiempo necesario para hacerles a otros lo que me gustaría que hiciesen conmigo.

Día 20

La lengua que critica

No juzguéis, para que no seáis juzgados. Porque con el juicio con que juzgáis seréis juzgados.

MATEO 7:1-2

Jesús no tuvo tolerancia para aquellos fariseos que criticaban. ¡Qué grupo más miserable constituían! Esta secta religiosa de judíos estaba siempre buscando algo para encontrarle defectos con respecto a violar la ley de Moisés o sus propias tradiciones hechas por el hombre. Su crítica tenía una amplia gama, desde juzgar a los discípulos por no lavarse las manos hasta criticar a Jesús por sanar el sábado, el día del Señor. Considere la respuesta de Jesús para ellos:

> *Vosotros juzgáis según la carne; yo no juzgo a nadie. Y si yo juzgo, mi juicio es verdadero; porque no soy yo solo, sino yo y el que me envió, el Padre (Jn. 8:15-16).*

Las personas que critican se ocupan en valoraciones mezquinas del comportamiento de otras personas.

Lo que es sorprendente es que ellos critican a otros por sus acciones pero se juzgan a sí mismos por sus intenciones. Por supuesto, la mayoría de nosotros tendemos la tendencia de enjuiciar a otros desde nuestro punto de vista autobiográfico. Si el comportamiento de alguien no refleja una decisión o una elección que hubiéramos hecho, lo juzgamos como incorrecto. A menudo me sorprendo a mí misma criticando a las personas que se mueven con un ritmo lento como perezosos o de percepción muy lenta, simplemente porque la "única forma en que yo funciono es a través de dos modalidades: "Intensa" y "apagada". Tengo que recordarme que estas personas no son perezosas sino solo diferentes.

Hay algunas personas que dan opiniones sobre los demás basadas solo en rumores que pueden haber escuchado que a veces no tienen ni un mínimo de verdad. Benjamín Franklin, uno de los padres fundadores de América, dijo: "No hablaré mal de ningún hombre, ni en un asunto de verdad, sino más bien disculparé la falta que escuche y en las ocasiones apropiadas, hablo todo lo bueno que conozco de las personas". Su filosofía sigue el antiguo consejo de los padres: "Si no puedes decir algo amable, no digas nada en absoluto".

Debemos ser cuidadosos de cómo hablamos de otros. Mi esposo y yo fuimos miembros de una popular iglesia a la cual finalmente Dios nos condujo a abandonar. Había habido muchos rumores circulando sobre el pastor. Como estábamos en el interior del círculo de líderes, estábamos privados de los detalles de algunas de las situaciones que se abordaban. Sin embargo, acordamos que no serviría de nada hablar de estas cuestiones con otros. Fue interesante notar las miradas de decepción en las caras de varios miembros cuando conversaban con nosotros, solo para descubrir que no íbamos a ofrecerles ninguna información que pudieran utilizar enjuiciar al pastor. Jesús fue enfático sobre su disgusto con las personas que criticaban a otros.

> ¿Y por qué miras la paja que está en el ojo de tu hermano, y no echas de ver la viga que está en tu propio ojo? ¿O cómo dirás a tu hermano: Déjame sacar la paja de tu ojo, y he aquí la viga en el ojo tuyo? ¡Hipócrita! Saca primero la viga de tu propio ojo, y entonces verás bien para sacar la paja del ojo de tu hermano (Mt. 7:3-5).

Jesús fundamentó su juicio del comportamiento de las personas únicamente en la norma de Dios. Este es el único fundamento sobre el cual podemos juzgar con justicia. Lo que deberíamos más bien es juzgarnos a nosotros mismos en lugar de buscar las pajas en los asuntos de los demás.

Ore por aquellos a los cuales usted observe caminar de manera contraria a las normas de Dios pero evite criticarlos. Si usted tiene una preocupación genuina por alguien y ha ganado el derecho de abordar su comportamiento, entonces hágalo en un espíritu de amor. Recuerde que usted se ha ganado ese derecho por demostrar de manera regular, su cuidado y apoyo.

AFIRMACIÓN DE HOY

No juzgo a otros o también seré juzgado. Porque en la misma manera en que juzgue me juzgarán.

Día 21

La lengua ensimismada

No mirando cada uno por lo suyo propio, sino cada
cual también por lo de los otros.

FILIPENSES 2:4

Amán, un oficial del gobierno de Persia mencionado en libro de Ester, era el ensimismamiento personificado. "y les refirió Amán la gloria de sus riquezas, y la multitud de sus hijos, y todas las cosas con que el rey le había engrandecido, y con que le había honrado sobre los príncipes y siervos del rey" (Est. 5:11). Él siguió siendo de esta manera sin parar. A lo largo de toda la historia de su vida, nunca lo vemos expresar interés en nadie más que en sí mismo. Como la familia y los amigos de Amán, algunas personas prolongan este tipo de insensibilidad al soportarla y sonreírle, aunque ellos puedan estar toda la vida muy aburridos.

¿Están la mayoría de sus conversaciones con otras personas centradas en usted y sus asuntos? Una lengua ensimismada seguramente alienará a otros como si casi todo el mundo deseara ser el foco de atención en algunas ocasiones.

Tuve una conocida con la cual hablé de forma regular con la esperanza de compartir de manera recíproca nuestras preocupaciones individuales. No pasó mucho tiempo antes que me diera cuenta de que no había nada de mutuo en nuestro intercambio. El minuto en el que podía mencionar una de mis inquietudes personales, ella se identificaba con la misma al instante, relacionándola con su propia experiencia y de repente el centro de debate era todo sobre ella. Esto sucedió una y otra vez. Encontré que esto era muy frustrante debido a que nunca sentía que tenía la oportunidad de hablarle de mis asuntos. Al poco tiempo le dije en tono amable: "En realidad necesito que me escuches ahora mismo". Tratar de tener una relación íntima con una persona ensimismada es como tratar de abrazar a un puerco espín.

Llegue a estar consciente en su comunicación de este defecto del carácter. Pídale a Dios que lo haga interesarse en otros de forma genuina. Mi amigo Frank Wilson, quien antes de consagrar su vida a Dios escribió o produjo numerosos álbumes para los archivos de una compañía que se dedicaba a grabar un estilo de música llamado *Motown*, es una persona así.

Él puede hablar con alguien por un tiempo prolongado y mantener un verdadero interés en esa persona. A pesar de sus muchos logros, él nunca parece encontrar una razón para informar a sus oyentes de los mismos. Lo he observado interactuar con personas de varios niveles económicos y sociales. Sin permitir que sus ojos se paseen a gran velocidad por la habitación buscando a una persona más importante de la cual interconectarse, él se enfoca en la persona que tiene al alcance de la mano. Cada parte de él parece decir: "Estoy interesado en lo que me estás diciendo". Las personas aman estar en su presencia.

Si se descubre involucrado con una persona ensimismada, trate de pedirle que le dé algunos consejos o aportes sobre un asunto que no la incluya a ella. Si intenta dirigir la conversación hacia sí misma, admita de forma rápida su preocupación sobre el asunto pero cambie el tema hacia algo que no sea sobre él. Por ejemplo, usted puede decir: "Estoy seguro de que este asunto de veras te inquieta. ¿Escuchaste hablar sobre…?" Si él persiste, debe tratar de reunir el coraje suficiente para decir: "En realidad no quiero hablar sobre eso hoy". Usted puede ser una persona que rompa una marca establecida mientras intenta estas estrategias. Después de todo, el ensimismamiento sucumbe de manera difícil.

Si usted admite ser de tipo ensimismado, voltee sus deseos de atención, de aumentar el ego y otras necesidades egoístas hacia su pastor celestial, quien suple todas sus necesidades. Haga un esfuerzo consciente para llegar a ser "absorbido por las necesidades de otros". Rétese a sí mismo a estar un día entero o más sin hacer de sus asuntos el centro de su comunicación. Concédeles a todos el poder conversar con su completa atención y observe cómo se profundizan sus relaciones.

AFIRMACIÓN DE HOY

Yo miro no solo a mis propios intereses, sino a los de otros. Por lo tanto, mis asuntos no son el tema primario de mis conversaciones.

Día 22

La lengua maldiciente

De una misma boca proceden bendición y maldición.
Hermanos míos, esto no debe ser así.

SANTIAGO 3:10

Evie, una reconocida cristiana, de forma fiel concurre a los servicios de oración, visita a los enfermos confinados en sus casas, ayuna por periodos extensos y cumple con todas las formalidades de ser una cristiana. Sin embargo, ella a menudo usa groserías en sus conversaciones. Cuando un colaborador cristiano la confrontó sobre su uso de tales expresiones que no son honrosas, ella respondió: "Estas palabras están en la Biblia". He escuchado a otros reír con disimulo a sus espaldas al oír tal hipocresía. ¿Por qué Evie usa improperios de una manera tan libre como cuando toma agua? Debido a que no le ha permitido al Espíritu Santo que domine su lengua. Santiago, el hermano de Jesús, lo explicó de esta manera:

> pero ningún hombre puede domar la
> lengua, que es un mal que no puede

ser refrenado, llena de veneno mortal.
Con ella bendecimos al Dios y Padre,
y con ella maldecimos a los hombres,
que están hechos a la semejanza de
Dios (Stg. 3:8-9).

Usar un lenguaje profano, obsceno o vulgar es impropio de un hijo de Dios. Yo creo que las personas utilizan las vulgaridades por varias razones. Primero, ellas a menudo carecen de un lenguaje adecuado con el cual se puedan expresar como son y por consiguiente sienten que deben insultar para que sus palabras tengan efecto. Aquellos que son cuestionados en esta área deben comenzar a desarrollar un estilo de comunicación que sea directo, claro y sin hostilidad. Entonces pueden encontrar que este tipo de palabras desagradables son innecesarias. En segundo lugar, algunas personas recurren a este vocabulario para liberar su extrema frustración con una situación. Ellas han desarrollado un patrón impío para expresar su displacer y necesitan reeducar sus respuestas. Estas personas podrían tener éxito al determinar por adelantado algunas palabras alternadas para usar cuando se encuentren llegando a la cima de la frustración.

Aunque creo con todo mi corazón que las malas palabras no deben salir de mi boca, a menudo me descubro pensando algunas en muchas ocasiones, aunque no las digo. Cuando sucede que me doy en el dedo del pie, rompo algo de valor, desordeno una pila de papeles, derramo una bebida, tengo una confrontación con una persona muy difícil, o enfrento cualquier otra situación frustrante, podría ser que usara en silencio palabras vulgares. Estuve bastante preocupada, en especial como maestra de Biblia, de que tales palabras vinieran a mi mente en estas situaciones más que una exclamación tal como "gloria" o alguna otra frase que honre a Dios. Llevé el asunto a Dios en oración. "Señor, entiendo que de acuerdo con Lucas 6:45: 'El hombre bueno, del buen tesoro de su corazón saca lo bueno; y el hombre malo, del mal tesoro de su corazón saca lo malo; porque de la abundancia del corazón habla la boca'. ¿Podrías por favor sacar las malas palabras de mi corazón y reemplazarlas con tus expresiones? Te agradezco por adelantado el perdonarme por este tipo de vocabulario y por permitir que las palabras de mi boca y la meditación de mi corazón sean aceptables delante de ti".

Comprender que los improperios residen en el corazón nos ayuda a rechazar la idea de que una mala palabra se "escapó" de nuestra boca. La realidad es que esta se escapó del corazón. Solo Dios puede limpiar el corazón de una persona. Si usted es cuestionado por ser de esta manera, pídale a Dios que purifique su corazón y su mente. Recuerde que las palabras son pensamientos verbales. Debemos practicar la disciplina mental de echar fuera los pensamientos profanos y usar palabras que traigan vida a nuestra vida interior y a otros.

AFIRMACIÓN DE HOY

Los improperios no proceden de mi boca. Hoy le concedo a Dios el cuidado completo de mi lengua. Por su gracia solo hablaré palabras que traerán honor a su nombre.

Día 23

La lengua quejumbrosa

Con mi voz clamaré a Jehová; con mi voz pediré a Jehová misericordia. Delante de él expondré mi queja; delante de él manifestaré mi angustia.

SALMO 142:1-2

Las cinco hijas de Zelofehad tenían un problema. Su padre había muerto en el desierto antes de que los israelitas entraran en la Tierra Prometida. Zelofehad no tenía hijos varones para heredar su porción de la tierra y la ley no facilitaba que las mujeres recibieran la porción de los varones en lugar de ellos. Por consiguiente, sus hijas, al no tener padre, hermano, esposo, hijo, o cualquier otro hombre dentro de su familia más cercana, eran omitidas por completo. Más que quejarse a otros, ellas convocaron una "audiencia en la congregación" (Nm. 27) y presentaron a Moisés y a los líderes su petición de una herencia. Cuando Moisés llevó el caso a Dios, Él estuvo de acuerdo con las mujeres y les concedió su petición. Ahora, ¿qué resultado piensa usted que ellas habrían obtenido si solo hubieran lloriqueado delante de cualquiera en la multitud que hubiera podido oírlas en lugar de llevar su problema ante aquellas autoridades? Yo dudo que hubieran obtenido su herencia.

Una queja legítima puede solo ser resuelta si usted la dirige a aquel que puede cambiar su situación. Solo pocas personas que están insatisfechas, molestas, o enojadas por una experiencia, en realidad toman medidas para quejarse de manera oficial sobre lo sucedido. En lugar de esto, prefieren perder el tiempo pidiendo a otros que se compadezcan de ellas. Qué ejercicio tan inútil. Sus aportes y declaraciones a la persona correcta no solo pueden ayudarle a mejorar sus asuntos, sino los de otros. Por ejemplo, en varias ocasiones me descubro en una tienda donde la cola de personas se hace más larga por minuto. Más que unirme a los otros clientes quienes están lamentándose por la situación, busco (algunas veces lo hago gritando) al gerente del establecimiento y le pido que abra otra caja registradora. La mayoría de las veces esto funciona.

En la porción de las Escrituras que está al inicio de este capítulo, el salmista no se aburrió, no se frustró, o hizo perder a otros su tiempo con sus quejas. Él declaró: "Delante de él expondré mi queja", el único que puede traer cambio a su situación.

Sin embargo, aun Dios se cansa de las quejas constantes.

Alguien una vez dijo: "Jurar es pecaminoso porque es tomar el nombre de Dios en vano. Murmurar también es malvado, porque toma las promesas de Dios en vano". Durante su mal uso de la lengua, sea consciente de cómo a menudo usted se lamenta de asuntos no esenciales tales como un día lluvioso, los embotellamientos del tráfico, programas de televisión aburridos, colegas de trabajo perezosos y cosas así.

Debido a que la queja es contagiosa, es una enfermedad de la boca difícil de curar. En el pasado me he encontrado reuniéndome con esposas quejumbrosas solo para tener algo en común con ellas, incluso aunque mi esposo no era culpable de las cosas que ellas se lamentaban. Sabía que me arriesgaba a ser envidiada y alienada si confesaba qué clase de hombre tan maravilloso y comprensivo él era. Algunas veces podía tratar de buscar algo por lo cual lamentarme y podía traer a colación algo tan superficial como el hecho de que él comía varias veces al día. ¡Los hombres mantienen un peso apropiado y la mayoría del tiempo se preparan su propia comida! ¿Cuál es la queja en esta idea sino que estoy resentida por su metabolismo?

Si usted es una persona que se queja de forma constante, debe comenzar a resistir las reuniones continuas donde solo hay lamentaciones. Créame, otros estarán contentos de lo que hizo y ya no tendrán más temor de conversar con usted. Esto no es decir que usted no debe buscar un ocasional oído comprensivo o tomar algún consejo de una fuente valiosa. Sin embargo, si va a ignorar dicho consejo y a continuar repasando el problema cada momento en el que usted converse con alguien, tenga cuidado. ¡Sus oyentes pronto se cansarán de usted! En cualquier momento que sienta a una queja en camino, reemplácela con una declaración de gratitud o una afirmación de las Escrituras que usted haya personalizado.

AFIRMACIÓN DE HOY

Debido a que Dios hace que todas las cosas obren para mi bien, de acuerdo con su propósito para mi vida, no me quejaré.

Día 24

La lengua vengativa

no devolviendo mal por mal, ni maldición por maldición, sino por el contrario, bendiciendo, sabiendo que fuisteis llamados para que heredaseis bendición.

1 PEDRO 3:9

No hay nada más fácil que la venganza verbal. Por supuesto, la emoción de la misma es solo un placer fugaz para aquellos que aman a Dios; el remordimiento por sucumbir a este pecado tiende a permanecer por mucho tiempo. La venganza era uno de mis más grandes rivales. Es por eso que alabo a Dios por su Espíritu Santo quien me convence de pecado, me guía y trabaja en mí para serle agradable. He hecho un esfuerzo coordinado en los meses recientes para tomar el camino real en cada situación en la cual alguien intente criticarme, rebajarme, o desacreditarme de alguna manera. Sabía que no estaría capacitada para escribir este capítulo si no tenía la victoria sobre esta fortificación.

Satanás me ha presentado muchas oportunidades para practicar mi comportamiento deseado. Aunque no recuerdo un ejemplo de devolverle de manera directa una respuesta negativa a alguien, encontré placer al darle a conocer a mi asistente administrativo, mi esposo o a una amiga, las palabras que hubiera dicho si no hubiera escogido el camino real. El Espíritu Santo me recalcó que esta era todavía mi forma de obtener satisfacción indirecta. La victoria final vendría solo cuando me rehusara a dignificar los reparos de la persona con otros comentarios y me abstuviera de discutir el asunto con cualquiera. Satanás se ha burlado de mí y ha tratado de hacerme sentir que me estoy haciendo débil. Usted tendría que conocer cuánto me niego a admitir a una persona que les permite a otros que la traten como una alfombra, para comprender de veras cuán difícil ha sido este cambio para mí. Crecí viendo personas importantes en mi vida sufrir en silencio las palabras crueles de otros. Me prometí a mí misma que si alguien me trataba de esta forma, le devolvería este tipo de comportamiento. Sin embargo, mientras estudiaba las Escrituras al lidiar con conflictos administrativos, aprendí que la raíz del significado de la palabra "venganza" es "devolver la represalia". La Biblia es muy clara al amonestarnos para que evitemos la venganza.

> *No paguéis a nadie mal por mal;*
> *procurad lo bueno delante de todos*

> *los hombres. Si es posible, en cuanto*
> *dependa de vosotros, estad en paz*
> *con todos los hombres. No os venguéis*
> *vosotros mismos, amados míos, sino*
> *dejad lugar a la ira de Dios; porque*
> *escrito está: Mía es la venganza, yo*
> *pagaré, dice el Señor (Ro. 12:17-19).*

Sospecho que no siempre tendré para cada situación, el resultado óptimo en esta área; sin embargo, sé que si arremeto contra alguien, será porque he ignorado el impulso del Espíritu Santo y he hecho una decisión consciente de tomar la tarea de Dios al devolver el castigo. Al recordar aquellos tiempos cuando he sido victoriosa, me di cuenta de que mis respuestas requerirían humildad, un deseo de comprender el comportamiento de otras personas y el compromiso de obedecer y glorificar a Dios.

Para reforzar mi continuo compromiso de no vengarme, algunas veces declaro un día de "Jesús" y hago todo el esfuerzo posible en ese día para hacer lo que Él haría y decir lo que Él diría. Ahora, yo sé que este debe ser mi estilo de vida como hija de Dios. Sin embargo, el sentido práctico de esto, surte efecto cuando tomo un día a la vez. Le exhorto a tomar este reto y verse a usted mismo crecer tres metros en el espíritu. Trate de mantenerse atento al hecho de que cuando decidimos que es nuestra responsabilidad desquitarnos de las ofensas cometidas contra nosotros, hemos cruzado el límite de un territorio prohibido.

AFIRMACIÓN DE HOY

No devolveré mal por mal o insulto con insulto, sino bendeciré a los demás, porque he sido llamada para que pueda heredar bendición.

Día 25

La lengua acusadora

…el acusador de nuestros hermanos, el que los acusaba delante de nuestro Dios día y noche.

APOCALIPSIS 12:10

Las cosas estaban yendo mal para Job. Había perdido sus hijos, su salud y su riqueza. Para añadir insulto a su situación desesperada, sus insensibles pero bien intencionados amigos lo acusaron de orgullo, codicia y de poseer además otros defectos en su carácter (Job 22). Aunque ellos fueron a condolerse de él, estos tres miserables consoladores emplearon la mayor parte del tiempo tratando de convencer a Job de que era responsable por su propia aflicción. Tal acusación era más de lo que esta inocente víctima de las circunstancias satánicas podía soportar. Job sabía que era un hombre justo que había caminado en total integridad. Destruido por el dolor físico, fue también forzado a padecer el sufrimiento de las acusaciones falsas.

¿Alguna vez ha inculpado a alguien antes de establecer evidencias de su culpa? Cuando hace eso, cae en el mismo modelo de actuación de Satanás, el acusador oficial de los hijos de Dios.

La madurez emocional y espiritual estipula que usted debe buscar primero comprender antes de hacer una acusación. Mire el ejemplo que Dios puso en el Huerto del Edén cuando Adán y Eva lo arruinaron. Él pudo haber dicho fácilmente: "¡Adán y Eva, ustedes son unos ingratos pecadores, nunca debí haber confiado en que harían lo correcto en mi huerto!" El estilo no acusador de Dios al confrontar a Adán y a Eva sobre su transgresión provee un poderoso modelo para aquellos de nosotros que somos propensos a acusar antes de obtener todos los datos de un asunto determinado.

> *Mas Jehová Dios llamó al hombre, y le dijo: ¿Dónde estás tú? Y él respondió: Oí tu voz en el huerto, y tuve miedo, porque estaba desnudo; y me escondí. Y Dios le dijo: ¿Quién te enseñó que estabas desnudo? ¿Has comido del árbol de que yo te mandé no comieses? (Gn. 3:9-11).*

No puedo evitarlo pero note que Dios ya conocía la respuesta a cada una de las tres preguntas que le hizo a Adán. A pesar de eso, le dio la oportunidad de explicar su comportamiento. Pedir la aclaración de un asunto y escuchar la respuesta son pasos cruciales para doblegar una lengua acusadora. Yo repito, pregunto y escucho.

¿Alguna vez lo han acusado por motivos falsos? ¿Han sido sus motivos puestos en duda cuando usted sabía que eran puros? ¿Cómo debe responder a tal injusticia? Bueno, el primer paso es pedir la dirección de Dios para proclamar su inocencia y hacerlo de la mejor manera posible. Si la mentira ha afectado a alguien, usted puede explicarle que la acusación no es verdad. Usted no tiene el control para saber si esa persona le creerá o no. Además, si no está seguro de quién es el perpetrador, no gaste energías tratando de encontrar el origen de la mentira. Sepa que todas las mentiras se originan en Satanás y punto.

He tenido personas que han hecho comentarios sobre las incompetencias o las deficiencias de otros y entonces, de manera falsa, me atribuyen su declaración para darle credibilidad. Cuando tengo oportunidad de refutar una acusación, lo hago. Si no, solo le pido a Dios que traiga la verdad a la luz. No puedo permitirme desviar mi energía mental de proyectos importantes para buscar plumas que han sido llevadas por el viento. Dios es mi defensor y Él hará un mejor trabajo que el que yo puedo hacer jamás en comprobar que se haga justicia.

AFIRMACIÓN DE HOY

Con la ayuda de Dios, hoy sintonizaré mis oídos hacia la sabiduría y me concentraré en comprender. Clamaré por perspicacia y comprensión. Las buscaré como lo haría con un dinero perdido o un tesoro escondido.

Día 26

La lengua desalentadora

Si me reía con ellos, no lo creían;
y no abatían la luz de mi rostro.

JOB 29:24

¿Alguna vez ha echado a perder la esperanza, la confianza, o el entusiasmo de alguien al plantear objeciones a las acciones que ha pensado hacer? Un incalculable número de individuos han perdido su destino debido a las palabras desalentadoras de alguien. Los maestros han roto los sueños de los estudiantes que tienen evaluaciones regulares u otras deficiencias. Los inventores potenciales abandonaron su búsqueda de ideas novedosas una vez que los miembros de su familia y de la sociedad los ridiculizaron. No creo que las personas que han convencido a otros de esta manera, se propusieron desalentarlos de forma deliberada, sino que más bien al hablar pusieron de manifiesto su falta de fe en la habilidad de Dios para "... hacer todas las cosas mucho más abundantemente de lo que pedimos o

entendemos, según el poder que actúan en nosotros"
(Ef. 3:20).

El desaliento ha hecho estragos a través de los
siglos. Considere a los israelitas y su búsqueda de la
Tierra Prometida. Justo al margen de alcanzar su
destino, Moisés envió a Josué y a Caleb junto con
otros diez líderes en una exploración de cuarenta
días por Canaán, la tierra que fluía leche y miel. Allí
ellos vieron todas las cosas en extrema abundancia.
El tamaño de las frutas sobrepasaba a cualquiera que
usted haya visto jamás en la feria de su ciudad. ¿Por
qué necesitaron dos hombres para cargar un racimo
de uvas? Ellos también notaron algo más que era
inusual, gigantes. Cuando ellos comunicaron a Moisés
y a la multitud, Josué y Caleb alentaron a los israelitas
a proseguir a conquistar la tierra. Sus compañeros,
sin embargo, tenían una perspectiva diferente.

> *Mas los varones que subieron con él,*
> *dijeron: No podremos subir contra*
> *aquel pueblo, porque es más fuerte*
> *que nosotros. Y hablaron mal entre los*
> *hijos de Israel, de la tierra que habían*
> *reconocido, diciendo: La tierra por*
> *donde pasamos para reconocerla, es*
> *tierra que traga a sus moradores; y*
> *todo el pueblo que vimos en medio de*

ella son hombres de grande estatura.
También vimos allí gigantes, hijos de
Anac, raza de los gigantes, y éramos
nosotros, a nuestro parecer, como
langostas; y así les parecíamos a ellos
(Nm. 13:31-33).

A pesar de todos los milagros de los que habían
sido testigos y que Dios había hecho en su beneficio, la
multitud creyó el reporte desalentador. Ellos hablaron
de regresar a Egipto e incluso querían apedrear a
Josué y a Caleb por su optimismo. El castigo de Dios
por su incredulidad fue rápido y severo.

Y los varones que Moisés envió a
reconocer la tierra, y que al volver
habían hecho murmurar contra él a
toda la congregación, desacreditando
aquel país, aquellos varones que
habían hablado mal de la tierra,
murieron de plaga delante de Jehová.
Pero Josué hijo de Nun y Caleb hijo
de Jefone quedaron con vida, de entre
aquellos hombres que habían ido a
reconocer la tierra (Nm. 14:36-38).

El Señor no solo eliminó a los desalentadores, Él
forzó a toda la multitud a regresar y a vagar por el

desierto por cuarenta años. Más aún, Dios no permitió que todos aquellos, excepto Caleb y Josué, que fueran mayores de veinte años de edad en aquel tiempo entraran en la Tierra Prometida; todos murieron en el desierto.

Las palabras desalentadoras de diez hombres causaron que miles de hombres y mujeres perdieran su herencia.

¡Si tan solo en lugar de eso, los diez hubieran escogido ser alentadores!

¿Y usted? Cuando usted ve a otros encarar circunstancias negativas, ¿pierde la esperanza en sus habilidades para triunfar? Más aún, ¿puede escuchar los sueños y los planes de alguien sin hacer comentarios desalentadores? Esto no significa decir que no debe cuestionar la viabilidad de una idea que parece no tener mérito, ni dejar de ofrecer aportes objetivos para prevenir la misma de un fracaso potencial. Sin embargo, una pregunta bien dicha puede ser más eficaz que decir de manera directa: "¡Eso es imposible!" Por ejemplo, preguntar a un joven empresario: "¿Cómo determinó el mercado de sus productos?" suena mejor que: "¡Ey, no pienso que muchas personas estarían interesadas en eso!"

Aún si usted no puede visualizar los sueños de otro, al menos acepte apoyarlo en fe para que se cumpla la voluntad perfecta de Dios con respecto al esfuerzo que se ha propuesto. Henry Ford una vez dijo que la habilidad para alentar a otros es uno de los bienes más grandes de la vida. Piense en las personas que lo han exhortado durante su vida y qué efecto más positivo tuvieron en usted sus palabras. En un mundo lleno de negatividad, todo el mundo necesita un poco de ánimo de vez en cuando. Haga un esfuerzo consciente para hablar siempre palabras sinceras de afirmación, apoyo, e inspiración a aquellos dentro de su círculo de interés personal.

Si, quizás, usted está siendo confrontado por una persona desalentadora, no le permita descarrilar su destino. De manera muy gentil déjele saber que sus ojos están puestos en Dios, quien se especializa en hacer lo imposible. Mejor todavía, sea muy selectivo para escoger aquellos con los cuales usted comparte sus sueños. Su falta de iniciativa y fe, e incluso su envidia, puede muy bien causar que le fallen sus planes.

AFIRMACIÓN DE HOY

Las preocupaciones agobian a una persona pero mis palabras alentadoras la animarán.

Día 27

La lengua desconfiada

*Porque de cierto os digo que cualquiera que dijere
a este monte: Quítate y échate en el mar, y no dudare
en su corazón, sino creyere que será hecho lo que dice,
lo que diga le será hecho.*

MARCOS 11:23

Luché duro para resistir los nudos que estaban intentando formarse en el fondo de mi estómago. Este era mi primer vuelo desde el ataque terrorista en América del 11 de septiembre de 2001. Aunque estuve tentada, me refrené de expresar mi temor al pasajero sentado cerca de mí.

Cuando el avión se deslizó por la pista, comencé a citar de forma audible varias porciones del Salmo 91: "Diré yo a Jehová: Esperanza mía y castillo mío; mi Dios, en quien confiaré (v. 2). No temerás el terror nocturno, ni saeta que vuele de día (v. 5). Caerán a tu lado mil, y diez mil a tu diestra; mas a ti no llegará (v. 7). Pues a sus ángeles mandará acerca de ti, que te guarden en todos tus caminos" (v. 11).

Mucho antes del día del vuelo, había estado confesando a mí misma y a todos los demás que no tenía miedo de volar otra vez pero ahora me descubrí en el punto de probar la veracidad de esa afirmación. Las promesas del Salmo 91, como siempre, demostraron ser mi salvación. A través de los años ellas han llegado a ser el sitio al cual he corrido en situaciones espantosas. Cuando me escuché repetir estos versículos, mis temores comenzaron a menguar. Hice una decisión consciente de relajarme y dejarle el vuelo a Dios. En los ojos de mi mente visualicé ángeles sujetando las puntas de cada ala del avión. Encontré esta imagen muy útil durante unos pocos momentos de turbulencia que experimentamos durante el vuelo. Todo el tiempo declaré: "Sus ángeles tienen órdenes de mantener este avión a salvo". Llegué a mi destino sin incidentes. Había triunfado sobre la duda.

Si alguna vez esperamos dominar una lengua que duda, debemos llegar a estar familiarizados con las promesas de Dios. Las palabras de duda salen de un corazón incrédulo. Por supuesto, solo conocer las promesas de Dios no es suficiente; debemos llegar a ser capaces de declararlas. La fe viene por el oír (Ro. 10:7). Mientras más anunciemos nuestra incredulidad, más consolidada estará. Mientras más sostengamos nuestra confianza en un resultado positivo, más se incrementará nuestra fe. Debido a que creeremos lo que de forma constante escuchamos, debemos asumir una responsabilidad personal por lo que oímos. Puede ser que tengamos que limitar, o eliminar nuestro contacto con los individuos que tienden a expresar negatividad sobre varias consecuencias, metas, o resultados que deseamos.

A menudo nuestras palabras de duda originan por nuestra tendencia a actuar seguros de nosotros mismos. La autoconfianza es un concepto pregonado por el mundo que nos dice que debemos confiar en nuestras propias destrezas y habilidades. Esta es una contradicción directa con las advertencia del rey Salomón: "El que confía en su propio corazón es necio" (Pr. 28:26). Cuando enfrentamos un reto y de manera rápida evaluamos nuestras propias habilidades para alcanzarlo, seremos más propensos a parecer pequeños y entonces dudaremos. Debemos estar en guardia no para alimentar nuestras dudas sino para declararlas.

Si el espíritu de incredulidad lo infecta, lo reto a tener un buen estudio de la Biblia y a buscar las Escrituras para encontrar versículos que se relacionen con sus áreas de preocupación. Anote el pasaje, medite en él a menudo y memorícelo. Yo mantengo un documento en mi computadora para teclear pasajes de las Escrituras y acomodarlos en un cuadro. Seleccionaré un pasaje que es relevante para un problema actual.

Lo recorto, lo enmarco y lo mantengo delante de mí en mi escritorio hasta que lo solidifico en mi corazón. Cuando las dudas se aparecen, las clavo con la palabra de Dios escogida. Esto suena simple pero no es fácil. Algunas dudas son difíciles de destruir. Debemos ser persistentes en declarar nuestra victoria.

¿Cuáles son algunas de las cosas sobre las que se descubre hablando de manera desconfiada? ¿Es el miedo de dedicarse a una carrera profesional o a una tarea para la cual se siente inadecuado? ¿Será la desesperación por forjar una relación amistosa con una persona difícil? ¿O al parecer la imposible tarea de tener una figura deseada? Quizás usted ha recurrido a ser un Tomás dudoso que solo podría creer en lo que pueda tocar (Vea Jn. 20:25).

Los hijos de Dios están para vivir por fe en Dios. No podemos permitir que estemos limitando nuestra "área de percepción" a las cosas que podemos ver y sentir. Nuestras dudas pueden estorbar nuestro futuro.

Nuestras actitudes y conversaciones cambiarán cuando enfrentemos la realidad de que separados de Dios no podemos hacer nada en absoluto. ¡Decídase hoy a pasar por alto el escepticismo, a desconfiar de las dudas y creer en lo mejor!

AFIRMACIÓN DE HOY

Cualquier cosa es posible para mí si yo creo. Por consiguiente, voy a declarar mi fe más que a discutir mis dudas.

Día 28

La lengua locuaz

En las muchas palabras no falta pecado; mas el que refrena sus labios es prudente.

PROVERBIOS 10:19

¿Alguna vez ha hablado con una persona que parecía tener diarrea por la boca? Una y otra vez ella va de un tópico al otro. Bueno, sepa de ahora en adelante que la palabra apropiada para esta afección es "locuacidad". Esta es solo una gran palabra para una "lengua motorizada". Aunque se concluye que en general las mujeres han monopolizado el mercado de este uso de la lengua, los hombres pueden ser culpables también. Ahora, yo admito que de ningún modo soy un "cordero silencioso". De hecho, mi esposo dice que yo hablaría hasta con una señal del tránsito. Sin embargo, también tengo gran placer en escuchar a otros. De hecho, las personas que tienen la reputación de ser tímidas hablan conmigo con libertad.

Cuando estoy en la presencia de un conversador incesante, a menudo me pregunto si esa persona está sola, si tiene pocas oportunidades de hablar con otros, o si tan solo ama el sonido de su voz. Cualquiera que sea la motivación, hablar de manera excesiva no tiene la tendencia de glorificar a Dios. Escuché a alguien decir que cualquier conversación que dure más de diez minutos a menudo termina en el camino equivocado. El apóstol Pablo exhortó a los tesalonicenses a procurar "tener tranquilidad" (1 Ts. 4:11). "Procurar" implica un esfuerzo intenso. Tomará algo de trabajo vencer a este atrincherado hábito.

El doctor Joe R. Brown de Rochester, Minnesota, relata sobre el tratar de tener una historia del estado físico de un paciente. La esposa del hombre respondió cada pregunta que el doctor hizo. Al final, el doctor Brown le pidió que abandonara la habitación pero después que ella salió, él descubrió que su esposo no podía hablar. Al llamar de nuevo a la esposa, el doctor Brown se disculpó por no darse cuenta de que el hombre tenía afasia y no podía hablar ni una palabra. La esposa estaba atónita. Ella tampoco lo sabía.*

Si en el medio de su conversación se descubre girando hacia el camino de la locuacidad, trate estas rápidas desviaciones:

---

*P. L. Tan, *Enciclopedia of 7,700 Illustrations* [Enciclopedia de 7.700 ilustraciones] (Garland, TX: Bible Communications, 1979, 1996).

- Solo pare de hablar y hágale a otra persona una pregunta abierta que podría causar que esta respondiera con frases que van más allá de un simple sí o no. Por ejemplo: "Juan, ¿qué piensas sobre…?"

- Haga que la charla sea importante. Mi mentora, la difunta doctora Juanita Smith, a menudo decía: "No soy una mujer de pocas palabras pero amo conversar sobre las cosas de Dios". Hable acerca de una interesante historia sobre alguna noticia que haya escuchado o la comprensión que Dios le ha dado sobre un pasaje de las Escrituras. Por ejemplo, más que sucumbir a una conversación negativa, me mantengo contándole a todo el mundo sobre mi "mal uso de la lengua" y las verdades que Dios me ha revelado en su Palabra durante mi búsqueda en las Escrituras. Las personas que me escuchan lo hacen con gran interés y beneficio.

AFIRMACIÓN DE HOY

Cuando mis palabras son muchas, el pecado no está ausente. Pero cuando contengo mi lengua soy considerado sabio.

Día 29

La lengua indiscreta

La discreción te guardará;
te preservará la inteligencia.

<small>PROVERBIOS 2:11</small>

Después del gran diluvio que destruyó la mayor parte de la tierra Noé plantó una viña. Un día se pasó de los límites y bebió demasiado vino. Su hijo Cam "...vio la desnudez de su padre, y lo dijo a sus dos hermanos que estaban fuera" (Gn. 9:22). Al poner en práctica más discreción que Cam, sus hermanos ni siquiera miraron a su padre, sino que regresaron a la tienda y lo cubrieron con una ropa. Su discreción era un signo de su madurez. Alguien que es discreto muestra prudencia y un sabio autocontrol en su conversación y en su comportamiento y siempre cosecha una consecuencia positiva.

La indiscreción puede ser costosa. Algunos temas deben estar fuera de los límites de discusión. Sería usted muy sabio en nunca debatir sobre su salario o sus estimulaciones, en especial con otras personas de la compañía. Su vida sexual debe también estar fuera de los límites de discusión con un extraño u otra persona que no sea su consejero.

La indiscreción de Cam demostró ser costosa para él. Cuando Noé se recuperó de su embriaguez, se dio cuenta de su vergüenza y estuvo muy disgustado con la manera en que Cam había manejado la situación. Noé lo maldijo y condenó a sus descendientes a la esclavitud.

¿Alguna vez ha descubierto algo sobre un líder u otra persona prominente y no ha podido refrenarse de decírselo a alguien? Si Dios ha confiado en usted lo suficiente como para revelarle la desnudez o el pecado de alguien, ¿alguna vez ha considerado que no debió "ver" ni "decir" sino más bien cubrir esa desnudez con discreción e intercesión?

Al haber crecido en una iglesia, he visto la desnudez de muchos líderes. Dios a menudo me ha recordado que Él ha confiado en mí no para "encubrir", sino para "cubrir". Esta puede ser una posición incómoda. Dios puede incluso llamarle a confrontar al individuo con respecto a su maldad. Él hizo eso con el profeta Natán, quien se le enfrentó a David por su adulterio con Betsabé y su posterior asesinato del esposo de ella para encubrir su falta (2 S. 12). Cualquier cosa que Dios le mande, hágalo a la manera de Él. Una revelación pública no siempre es necesaria cuando esta puede causar un daño irreparable al cuerpo de

Cristo. El pecado de David con Betsabé nunca llegó a ser el tópico de un escándalo público. Sin embargo, David sufrió las consecuencias dentro de su familia y en otras áreas de su vida. El castigo de un líder es un asunto de Dios.

¡Cuidado! Si usted sirve en una posición de autoridad, tal como ser miembro de un consejo de directores, entonces usted tiene la responsabilidad de tratar con el comportamiento impío de un líder. Confróntelo con amor y compasión. Nadie es perfecto y nadie tiene una visión perfecta de sí mismo. Recuerde esto. Dios puede algún día mostrarle a alguien su desnudez. Ore para que la misma sea manejada con sabiduría. Siembre la semilla de discreción ahora.

AFIRMACIÓN DE HOY

Mi discreción me protegerá y el entendimiento me guardará.

Día 30

La lengua silenciosa

Todo tiene su tiempo, y todo lo que se quiere
debajo del cielo tiene su hora...
tiempo de callar, y tiempo de hablar.

ECLESIASTÉS 3:1, 7

Escuché una historia sobre un esposo y su esposa que estaban peleados y se dieron el uno al otro el tratamiento del silencio. Una noche él se dio cuenta de que la necesitaba para que lo levantara temprano para tomar un vuelo. Al no querer humillarse a sí mismo y de esa manera ser el primero en romper el silencio, le dejó una nota de que lo levantara a las cinco de la mañana. A la mañana siguiente, él se despertó para descubrir que se había quedado dormido por dos horas más y había perdido su vuelo. Cuando se lanzó de un salto de la cama para tener una enojada confrontación con ella, notó un pedazo de papel en su mesa de noche. La nota decía: "Son las cinco de la mañana. ¡Levántate!"

No todo el silencio vale oro. He dedicado los capítulos anteriores para estimularlo a abstenerse de varios usos negativos de la lengua. Pero ahora usted puede haber concluido que nunca será capaz de decir más que unas pocas palabras por el resto de su vida si usted quiere dominar el pequeño y rebelde miembro que determina el curso de su destino. Si usted ha decidido que hacer un voto de silencio es su única esperanza, continúe leyendo.

Hablar es absolutamente esencial para mantener relaciones eficaces. Cuando niño, sus padres o maestros pueden haberle enseñado el proverbio de que "el silencio es oro". La verdad es que esta es la mitad de la cita de este proverbio. El dicho completo es: "La conversación es plata, el silencio es oro". Aunque mantener la boca cerrada es una gran virtud, la comunicación eficaz es a la relación como el oxígeno es al cuerpo. Decir que: "La conversación es plata" implica que hablar tiene un valor significativo. La plata fue una vez el medio primario para los negocios de intercambio, de la misma manera en que lo es la moneda hoy. Fue utilizada para comercializar un valor por otro. Cuando hablamos, esto debe ser un intercambio de información valiosa. Todos los capítulos anteriores de este libro han destacado varios tipos de comunicaciones negativas que no proporcionan ningún valor. Vamos ahora a enfocarnos en aquellos ejemplos donde el silencio no tiene valor.

El silencio no es oro cuando uno lo usa como un medio pasivo y vengativo de expresar su ira o disgusto con una situación. De hecho, tal tipo de silencio es una violación de la ordenanza del Señor de confrontar a aquellos que nos han ofendido.

> *Por tanto, si tu hermano peca contra ti, ve y repréndele estando tú y él solos; si te oyere, has ganado a tu hermano (Mt. 18:15).*

Jesús está recomendando un poco de comportamiento asertivo al ordenarnos que tomemos la iniciativa en tratar una ofensa o una transgresión. El pecado es un cruce no autorizado de un límite. Muchas veces podemos sentir que hemos sido agredidos o agraviados pero más que discutir el asunto con el ofensor, recurrimos a malhumorarnos y a hacer gestos de desagrado. Las mujeres en especial, son propensas a mantener silencio cuando la mayoría de ellas ha estado socializada para pensar que es impropio de una señora ser tan directa como para decir: "Fui ofendida por tus acciones. Por favor, no lo hagas de nuevo". Desafortunadamente, esta falta de comunicación deja a muchos ofensores ignorantes por completo de que su comportamiento tiene efectos negativos en nosotros. De esa manera, ellos son más propensos a repetir la ofensa.

El silencio no es oro cuando nos rehusamos a defender a alguien de críticas injustificadas o rumores viciosos. No podemos dejar que nuestro miedo a la alienación o al rechazo nos haga permitir la calumnia y los atentados contra el carácter cuando estamos muy conscientes de los hechos que demuestran lo contrario. Hace poco tiempo me encontré acudiendo a la defensa de una persona sobre la cual yo sabía que me había acusado con argumentos falsos ante varias de mis amistades. Esta pudo haber sido mi oportunidad de "vengarme" pero sabía que ella era inocente de los cargos que le imputaban. Sin dudar se lo dije al acusador. Sentí entonces que había hecho sonreír a Dios.

El silencio no es oro cuando trae como resultado que hagamos una decisión indeseable por defecto. Después de todo, el silencio puede indicar consentimiento. La oración fue sacada de las escuelas públicas en los Estados Unidos porque la mayoría de las personas se mantuvieron quietas y no protestaron. En el libro de Números, Moisés reiteró que el silencio es también consentimiento. Él dio instrucciones sobre cómo tratar con las mujeres solteras que hacían votos:

> *Mas la mujer, cuando hiciere voto a Jehová, y se ligare con obligación en casa de su padre, en su juventud; si su*

padre oyere su voto, y la obligación con
que ligó su alma, y su padre callare a
ello, todos los votos de ella serán firmes,
y toda obligación con que hubiere
ligado su alma, firme será. Mas si
su padre le vedare el día que oyere
todos sus votos y sus obligaciones con
que ella hubiere ligado su alma, no
serán firmes; y Jehová la perdonará,
por cuanto su padre se lo vedó (Nm.
30:3-5).

El continuó a instruir en lo versículos 10-15 que las mismas reglas se aplicaban a una mujer casada. Su voto se mantenía si su esposo fallaba en protestar contra el mismo en el tiempo oportuno. Su silencio le daba consentimiento a las acciones de ella.

Un proverbio japonés declara: "Silenciosos gusanos cavan agujeros en las paredes". Mantener silencio cuando uno debe hablar es una manera segura de cavar huecos en sus relaciones.

AFIRMACIÓN DE HOY

No estaré en silencio cuando deba hablar.

Epílogo

Está bien. Usted ha terminado de leer este libro y es probable que no haya empleado treinta días en hacerlo. La lectura es solo el primer paso. Ahora usted está listo para dirigirse al blanco de áreas donde su boca es de manera particular cuestionada. Puede que usted tenga que utilizar varios días o semanas en la "lengua mentirosa" y no tenga que emplear tiempo en la "lengua que maldice". Puede que usted incluso decida involucrarse en un periodo de abstinencia verbal por un día cada semana más que treinta días seguidos. Cualquiera que sea su estrategia, le garantizo que si medita en las Escrituras que se dirigen a los usos impíos de la lengua, llegará a ser muy sensitivo a las áreas donde usted necesite la gracia y la liberación de Dios.

Para evaluar su progreso, repase a diario la lista de evaluación de la lengua del Apéndice A. La misma resume los treinta usos negativos de la lengua que hemos abordado. Cuando usted pueda responder No a cada pregunta en términos regulares, puede descansar confiado de que el Espíritu Santo ha alcanzado la supremacía de ese rebelde miembro que ningún hombre puede domar. Ahora usted está listo girar su atención de los usos negativos de la lengua hacia un manantial de vida. Puesto que es más eficaz focalizarse en implementar comportamientos positivos que traten de evitar los negativos, el Apéndice B ofrece usos alternativos de la lengua que traerán gloria a Dios y mejorarán sus interacciones y relaciones con otros. Usted es ahora libre para ocuparse de fortalecer a otros, al compartir conocimiento y sabiduría, al exhortar, al inspirar en la fe, confrontar en amor y dar vida a sus oyentes. Para reforzar su compromiso de una lengua sana y de tener poder para más declaraciones positivas, de forma regular medite en las Escrituras del Apéndice C: "Arsenal de pasajes de las Escrituras sobre la lengua". Los pasajes seleccionados fortalecerán su hombre interior y revolucionarán sus conversaciones. Continúe decretando que las palabras de su boca lleguen a ser aceptables a la vista del Señor. Finalmente, actúe como si las palabras que hablara se convirtieran en su realidad personal. ¡Ellas lo harán!

El poder de las palabras

Una palabra descuidada puede
encender una contienda;
Una palabra cruel puede destrozar una vida.
Una palabra llena de resentimiento
puede inspirar odio;
Una palabra brutal puede golpear de
manera dura y matar.
Una palabra amable puede pulir el camino;
Una palabra alegre puede iluminar el día.
Una palabra oportuna puede reducir el estrés;
Una palabra cariñosa puede curar y bendecir.

Autor desconocido

Apéndice A

Para medir su progreso en dominar su lengua, hágase los siguientes cuestionamientos al final de cada día. En una hoja aparte, anote la cantidad de respuestas con Sí.

_____ ¿Me involucré en alguna tipo de mentira?

_____ ¿Adulé a alguien?

_____ ¿Manipulé a alguien para mi ganancia o ventaja?

_____ ¿Hablé de manera demasiado precipitada?

_____ ¿Causaron división mis palabras?

_____ ¿Fui polémico o contencioso?

_____ ¿Me jacté de algo o hablé con orgullo?

_____ ¿Me involucré en el autodesprecio?

_____ ¿Calumnié a alguien?

_____ ¿Me involucré en el chisme?

_____ ¿Me inmiscuí en los asuntos de otros?

_____ ¿Traicioné la confianza de alguien?

_____ ¿Menosprecié a alguien?

_____ ¿Fui cínico, desdeñoso o sarcástico?

_____ ¿Hablé como un sabelotodo?

_____ ¿Utilicé palabras ásperas o insultantes?

_____ ¿Fracasé en hablar con tacto o diplomacia?

_____ ¿Intenté intimidar con mis palabras?

_____ ¿Fui rudo?

_____ ¿Fui crítico o discriminador?

_____ ¿Estuve ensimismado en mi conversación?

_____ ¿Utilicé palabras impropias?

_____ ¿Me quejé?

_____ ¿Me vengué de alguien?

_____ ¿Acusé a alguien?

_____ ¿Fui desalentador?

_____ ¿Expresé duda o incredulidad?

_____ ¿Simplemente hablé demasiado?

_____ ¿Fui indiscreto en mis debates?

_____ ¿Me mantuve en silencio cuando debí haberme comunicado?

Si usted respondió No a todas las preguntas anteriores, regocíjese pero no se despreocupe. De manera callada pídale al Espíritu Santo que le muestre su próxima área de enfoque para su desarrollo espiritual. Sepa que usted alcanzará la perfección solo cuando llegue al cielo.

Apéndice B

Después de haberse refrenado de hablar en forma negativa, vea de cuántas maneras positivas usted puede emplear la lengua en un simple día. Use la lista siguiente para empezar.

- ☐ Orar.
- ☐ Dar a conocer su fe.
- ☐ Expresar gratitud.
- ☐ Decir la verdad.
- ☐ Admitir un error.
- ☐ Disculparse.
- ☐ Confesar sus faltas o debilidades.
- ☐ Aplaudir los logros de alguien.
- ☐ Pedir ayuda.
- ☐ Ofrecer ayuda.
- ☐ Confortar a alguien que está herido.
- ☐ Comunicar sus expectativas.
- ☐ Dar un sincero cumplido.

- ☐ Confrontar un conflicto interpersonal.
- ☐ Brindar su apoyo.
- ☐ Defender a alguien de la crítica negativa.
- ☐ Desalentar el chisme.
- ☐ Expresar aprecio.
- ☐ Ofrecer retroalimentación constructiva.
- ☐ Compartir su conocimiento.
- ☐ Guardar un secreto.
- ☐ Quejarse de la maldad.
- ☐ Publicar una nueva idea.
- ☐ Recitar las Escrituras.
- ☐ Reconciliar partes en conflicto.
- ☐ Relatar una historia significativa.
- ☐ Decir una broma decente.
- ☐ Expresar esperanza u optimismo.
- ☐ Alentar a otro a perseverar.
- ☐ Expresar preocupación por otra persona.
- ☐ Decir: "Por favor".
- ☐ Cantar una canción.
- ☐ Hablar de la bondad de Dios.

Apéndice C

ARSENAL DE PASAJES DE LAS ESCRITURAS
SOBRE LA LENGUA

Bendeciré a Jehová en todo tiempo;
Su alabanza estará de continuo en mi boca.

SALMO 34:1

Sea vuestra palabra siempre con gracia,
sazonada con sal, para que sepáis cómo debéis
responder a cada uno.

COLOSENSES 4:6

Mi boca hablará sabiduría,
Y el pensamiento de mi corazón inteligencia.

SALMO 49:3

Haced todo sin murmuraciones y contiendas

FILIPENSES 2:14

Oíd, porque hablaré cosas excelentes,
Y abriré mis labios para cosas rectas.
Porque mi boca hablará verdad,
Y la impiedad abominan mis labios.

PROVERBIOS 8:6-7

Pues aún no está la palabra en mi lengua,
Y he aquí, oh Jehová, tú la sabes toda.

SALMO 139:4

Sea llena mi boca de tu alabanza,
De tu gloria todo el día.

SALMO 71:8

Manantial de vida es la boca del justo;
Pero violencia cubrirá la boca de los impíos.

PROVERBIOS 10:11

Jehová el Señor me dio lengua de sabios, para
saber hablar palabras al cansado; despertará
mañana tras mañana, despertará mi oído para
que oiga como los sabios.

ISAÍAS 50:4

Yo dije: Atenderé a mis caminos,
Para no pecar con mi lengua;
Guardaré mi boca con freno,
En tanto que el impío esté delante de mí.

SALMO 39:1

Manzana de oro con figuras de plata
Es la palabra dicha como conviene.

PROVERBIOS 25:11

Determinarás asimismo una cosa, y te será firme,
Y sobre tus caminos resplandecerá luz.

JOB 22:28

Y mi lengua hablará de tu justicia
Y de tu alabanza todo el día.

SALMO 35:28